Copyright © 1997 by Éditions Gallimard
Copyright da edição brasileira © 2019 É Realizações
Título original: *Plotin ou la simplicité du regard*

*Editor*
Edson Manoel de Oliveira Filho

*Produção editorial, capa e projeto gráfico*
É Realizações Editora

*Preparação de texto*
Nelson Barbosa

*Revisão de texto*
Fernanda Simões Lopes

---

Cip-Brasil. Catalogação na Publicação
Sindicato Nacional dos Editores de Livros, RJ

H148p
    Hadot, Pierre, 1922-2010
    Plotino ou a simplicidade do olhar / Pierre Hadot ; tradução Loraine Oliveira , Flavio Fontenelle Loque. - 1. ed. - São Paulo : É Realizações, 2019.
    160 p. ; 24 cm. (Filosofia atual)

    Tradução de: Plotin ou la simplicité du regard
    Inclui bibliografia e índice
    ISBN 978-85-8033-340-4

    1. Filosofia. I. Oliveira, Loraine. II. Loque, Flavio Fontenelle. III. Título. IV. Série.

18-49476                                                       CDD: 100
                                                                     CDU: 1

Leandra Felix da Cruz - Bibliotecária - CRB-7/6135
03/05/2018 09/05/2018

---

Reservados todos os direitos desta obra. Proibida toda e qualquer reprodução desta edição por qualquer meio ou forma, seja ela eletrônica ou mecânica, fotocópia, gravação ou qualquer outro meio de reprodução, sem permissão expressa do editor.

É Realizações Editora, Livraria e Distribuidora Ltda.
Rua França Pinto, 498 · São Paulo SP · 04016-002
Telefax: (5511) 5572 5363
atendimento@erealizacoes.com.br · www.erealizacoes.com.br

Este livro foi impresso pela RR Donnelley, em janeiro de 2019. Os tipos são da família Minion Condensed e Adobe Garamond Regular. O papel do miolo é Lux Cream 70g, e o da capa Stardream Copper 285g.

Coleção
FILOSOFIA ATUAL

# PLOTINO OU A SIMPLICIDADE DO OLHAR

## PIERRE HADOT

TRADUÇÃO
LORAINE OLIVEIRA
FLAVIO FONTENELLE LOQUE

É Realizações
Editora

*À memória do meu amigo
G. H. de Radkowski,
que me pediu para escrever este livro.*

# Sumário

Apresentação ............................................. 9
Nota sobre as citações de Plotino e da *Vida de Plotino* ....... 15

1. Retrato ............................................. 17

2. Níveis do eu ........................................ 25

3. Presença ............................................ 39

4. Amor ................................................ 55

5. Virtudes ............................................ 79

6. Doçura .............................................. 89

7. Solidão ............................................ 113

Posfácio.............................................. 131
Biografia cronológica ................................. 139
Bibliografia analítica ................................ 143
Índice plotiniano ..................................... 151
Índice geral .......................................... 155

# Apresentação

Cinquenta anos se passaram desde a publicação da primeira edição de *Plotino ou a simplicidade do olhar*, em 1963. O livro, reeditado e traduzido para diversos idiomas ao longo desse tempo, tornou-se um clássico incontornável para os estudiosos de Plotino. Receber a tradução lusófona justamente na época do seu cinquentenário é motivo para comemoração. Trata-se de um belo opúsculo, cujo autor, à época da publicação, contava 41 anos. Pierre Hadot (1922-2010) destacou-se no cenário intelectual por sua erudição, clareza, generosidade, mas, sobretudo, por sua grande tese sobre a história da filosofia antiga como modo de vida, da qual falarei mais à frente. Com a leitura de Hadot, sempre se tem a aprender. E, com a leitura de *Plotino ou a simplicidade do olhar*, os estudiosos, mas especialmente os iniciantes, encontram uma porta de acesso ao pensamento plotiniano panorâmica, embora bem elaborada. Capaz de apontar os principais aspectos dessa filosofia que, nos últimos dois decênios, tem despertado cada vez mais interesse no meio acadêmico brasileiro, apesar das ainda parcas publicações sobre Plotino em português.

Este livro constitui uma excelente introdução a Plotino, tanto pelo conteúdo quanto pela forma. O próprio Hadot afirmou que a sua intenção era "mais pedagógica que científica", dizendo ainda: "fiquei feliz, quando o livro foi publicado, por ter podido me expressar pessoalmente".[1] Apesar das inúmeras citações textuais de Plotino e da erudição verificada nas notas de rodapé, o texto flui. Seu estilo é claramente pessoal, o que não chega a representar um problema; ao contrário, parece aproximá-lo do leitor. Bastante poético, muitas vezes o texto dá ao leitor a impressão de enlevo, reproduzindo, de algum modo, a sensação de que é possível experimentar com certos tratados de Plotino caros a Hadot [VI 9 (9), por exemplo]. Com efeito, o tom e a arquitetura do texto respondem claramente a um interesse de Hadot, premente à época da escrita deste opúsculo: a mística.

Estruturado em sete capítulos, o livro tem por escopo traçar o retrato psicológico de Plotino. "Fazer o retrato de Plotino, o que será senão a descrição desta busca infinita do absolutamente simples?" – indaga Hadot, no primeiro capítulo. E, assim, ele estabelece o percurso que seguirá pelas páginas seguintes: apresentar Plotino delineando um itinerário ascensional, místico. Mas, nesta obra, tal itinerário não se desenvolve em uma linha reta, e sim em uma espiral: a cada capítulo, surge um aspecto da elevação, até a elevação final. O eixo em torno do qual as esferas da espiral se articulam é o eu, que, como o leitor verá, identifica-se com a alma.

Em outras palavras, a cada capítulo, Hadot mostra um aspecto distinto do encontro da alma com o Intelecto e o Um, não obstante reiterando sempre a relação da alma com o mundo sensível. Nisso ele se revela, de certo modo, antignóstico – e não por acaso o tratado II 9 (33), *Contra os Gnósticos*, é um dos mais citados. Hadot colhe, na polêmica encetada por Plotino contra os gnósticos, a valorização do mundo sensível, que é belo e indispensável para a subida ao inteligível. Ele apresenta, então, um Plotino que volta seu olhar para a beleza, a qual é fonte do amor, das virtudes, da doçura. Não por acaso, o amor é tema do quarto capítulo, central tanto conceitual quanto estruturalmente. O amor move a alma para o alto. Para Hadot, ele é como a graça. E a analogia funciona muito bem para o iniciante compreender o amor plotiniano. Mas é perigosa, na medida em que Plotino não

---

[1] P. Hadot, *Plotin, Porphyre*. Études Néoplatoniciennes. Paris, Les Belles Lettres, 2010 (1ª ed. 1999), p. 15.

se identifica com o cristianismo. Plotino é pagão, e vive em um mundo já imerso na crise que se estenderá até o final do período que convencionalmente se conhece por Antiguidade.

Nos capítulos finais, Hadot insiste mais fortemente em aspectos biográficos de Plotino, trazidos a lume por seu discípulo e editor Porfírio. Ele relaciona anedotas biográficas a passagens dos tratados plotinianos, tentando validar filosoficamente a vida de Plotino. Ou seria validar existencialmente a filosofia de Plotino? O problema se resolve quando atentamos para a grande tese de Hadot, como historiador de filosofia antiga, que já se insinua neste livro, embora só receba sua formulação definitiva alguns anos mais tarde.[2] A filosofia antiga, diz ele, é um modo de vida. Não é apenas uma teoria, entendida aqui como conjunto de conceitos articulados discursivamente entre si, porquanto está estritamente ligada à escolha por determinado modo de vida. Vida e discurso filosófico: um valida o outro. Um justifica o outro. E é esse trânsito entre a escolha de vida e o discurso filosófico o que Hadot faz nos capítulos finais. Neles, pinta o retrato do doce Plotino, amigo solícito, tutor de órfãos, mestre para seus discípulos e, a seguir, do velho Plotino, sereno e preparado para a morte. Finalmente, o livro todo apresenta um Plotino que contemplou, ainda que raras vezes, o Intelecto e o Um e que soube ir e vir do estado de contemplação ao de existência no mundo sensível.[3] Um homem justo, porque virtuoso. Virtuoso, porque belo. Belo, porque amante da sabedoria.

---

[2] Hadot publica "A Filosofia como Maneira de Viver" em 1985. Mas em artigos anteriores, como "Exercícios Espirituais" (1977), a tese já está posta. Os dois artigos posteriormente foram incluídos no livro *Exercícios Espirituais e Filosofia Antiga*. Ver também P. Hadot, *O Que É a Filosofia Antiga?* Trad. Dion Davi Macedo. São Paulo: Loyola, 1999 (1ª ed. francesa 1995), no qual Hadot expande a tese, aplicando-a às diferentes escolas e aos movimentos filosóficos da Antiguidade, desde a figura de Sócrates.

[3] "Creio que, para ele, se a vida filosófica prepara de fato para uma eventual experiência mística, esta vida filosófica tem seu valor em si. Em suma, as experiências místicas de Plotino foram extremamente raras. O resto do tempo, isto é, quase todo o tempo, ele se esforçava, como diz Porfírio, para 'estar presente a si mesmo e aos outros' (*V. P.* VIII, 19), o que finalmente é uma excelente definição do que deveria ser toda a vida filosófica" (P. Hadot, *La Philosophie Comme Manière de Vivre*. Entretiens avec Jeannie Carlier et Arnold I. Davidson. Paris, Albin Michel, 2001, p. 134).

Hadot encontrou Plotino motivado por seus interesses mais gerais pela mística.[4] E, quando escreveu *Plotino ou a simplicidade do olhar*, ainda se via imerso nessa via. Ao final do livro, contudo, ele fez uma crítica à mística plotiniana e notou que não era conciliável com a vida atual. A esse respeito, vale lembrar uma célebre história que o próprio Hadot conta sobre sua experiência com o livro. Tendo recebido de Hubert de Radkowski a encomenda para escrevê-lo, Hadot encerrou-se em casa por cerca de um mês a fim de honrá--la. Quando então saiu para a rua, a fim de comprar pão, teve uma estranha impressão. Vendo aquelas pessoas na padaria, pareceu-lhe ter vivido durante um mês em outro mundo, completamente estranho ao nosso, e "pior ainda: totalmente irreal e mesmo não vivível". Hadot percebeu naquele momento, na padaria, o quanto o pensamento de Plotino estava afastado do nosso cotidiano. Para ele, então, o estoicismo e o epicurismo pareceram mais acessíveis e mais próximos a nós. Com efeito, escrever o livro sobre Plotino fizera Hadot sentir que o leitor poderia correr um grande risco: tomando--o ao pé da letra, o leitor "cairia em uma miragem, na ilusão do espiritual puro", distante da realidade concreta.[5] Para ele, a experiência da padaria confirmou esse perigo.

No final do livro, Hadot insiste, enfim, na distância que nos separa de Plotino, como se um abismo entre ele e nós houvesse. Essa crítica, alerta Hadot, situa-se na perspectiva geral do misticismo universal. Segundo ele, a mística de Plotino é um chamado, não para que se tente reproduzir servilmente a experiência plotiniana, mas simplesmente um chamado "para acolher com coragem, na experiência humana, o misterioso, o indizível e o transcendente".[6]

---

[4] "(...) Ao longo da minha educação religiosa, encontrei a mística cristã (...). Nos anos 1945-1946, comecei a ler Plotino, isto é, principalmente os tratados nos quais ele fala de sua experiência mística. Descobri então a existência de uma mística puramente filosófica" (Hadot, *La Philosophie Comme Manière de Vivre*, op. cit., p. 125-126).

[5] Ibidem, p. 136-137. O episódio da padaria é também mencionado por Hadot em *Plotin, Porphyre*, op. cit., p. 15.

[6] Ibidem, p. 136.

Isso, todavia, não impediu que Hadot prosseguisse estudando a mística, nem sequer o levou a abandonar Plotino. A bem da verdade, motivado pela dificuldade de compreender os textos de Plotino, escreveu diversos artigos e dirigiu uma coleção importante de traduções comentadas dos tratados de Plotino, pelas Éditions du Cerf (ver Apêndice, "Bibliografia Analítica", no qual ele indica os que foram publicados até a data da edição revista deste livro, em 1988), que até os dias de hoje vem publicando novas traduções de diferentes tratados.

\*\*\*

Finalmente, sobre a presente tradução, cabe tecer algumas pequenas observações. Procurou-se manter fidelidade às traduções de Plotino feitas por Hadot, para dar ao leitor uma ideia a mais precisa possível do modo como ele interpretava Plotino. A "bibliografia analítica" tampouco foi atualizada, ainda que nestes últimos 50 anos a produção acadêmica internacional sobre Plotino, incluindo novas traduções, comentários e edições dos tratados, tenha crescido sensivelmente. O fato é que Hadot elenca o mais importante da produção existente até a data da edição revista do seu livro (1988) e tudo o que ele menciona constitui, ainda hoje, ferramenta indispensável ao estudioso de Plotino.

As únicas atualizações realizadas concernem: 1. À numeração das linhas dos tratados citados. Nesse caso, seguindo as traduções de M. Chase, para o inglês, e de M. Guerra, para o italiano, incluímos a linha final da referência, ao passo que Hadot incluíra apenas a primeira linha.[7] 2. Ao formato da numeração da *Vida de Plotino*. Por uma questão de clareza, usamos número romano para o capítulo, reservando os arábicos para as linhas (V. P. I, 1-2, por exemplo).

*Loraine Oliveira*
Brasília, fevereiro de 2013.

---

[7] P. Hadot, *Plotinus or the Simplicity of Vision*, trad. Michael Chase; introd. de Arnold I. Davidson. Chicago, The University of Chicago Press, 1993. P. Hadot, *Plotino o la Semplicità dello Sguardo*, trad. Monica Guerra. Torino, Einaudi, 1999.

# NOTA SOBRE AS CITAÇÕES DE PLOTINO E DA *VIDA DE PLOTINO*

As referências ao texto das *Enéadas* são feitas da seguinte forma: V 1, 12, 1; V (número da *Enéada*), 1 (número do tratado na *Enéada*), 12 (número do capítulo do tratado), 1 [número da linha do capítulo, que, em todas as edições modernas do texto grego, reproduzem as linhas da edição de É. Bréhier (Paris, Les Belles Lettres, 1924-1938)]. As traduções que fiz dos textos de Plotino são originais. As citações do tratado VI, 9 (9º na ordem cronológica) e VI, 7 (38º na ordem cronológica) foram extraídas da minha tradução desses dois tratados (cf. adiante a "Bibliografia Analítica", p. 143). Nas notas, os comentários que escrevi sobre esses dois tratados e o tratado III, 5 (50º na ordem cronológica) são citados da seguinte maneira: Plotino, *Traité 9* (ou *Traité 38* ou *Traité 50*), seguido do número da página.

Traduzo habitualmente as palavras gregas *noûs* por *Espírito* e *noétos* por *espiritual*. Os tradutores franceses, e, em primeiro lugar, É. Bréhier, têm o hábito de empregar, nesses casos, termos como *Inteligência* ou *Intelecto* e *inteligível*. Preferi as palavras *Espírito* e *espiritual* (os tradutores alemães empregam frequentemente *Geist* ou *geistig*) a fim de exprimir da melhor maneira possível o caráter místico e intuitivo do Intelecto plotiniano.

As referências à *Vida de Plotino* por Porfírio são feitas da seguinte forma: V. P. I, 1 (*Vida de Plotino*, capítulo I, linha 1 do capítulo na edição Bréhier, reproduzida em todas as edições posteriores). A compreensão deste texto foi consideravelmente melhorada pela notável tradução e pelos excelentes comentários realizados pela equipe de pesquisa (CNRS) nº 76, dirigida sucessivamente por J. Pépin e M.-O. Goulet-Cazé, e que foram publicados sob os títulos: Porphyre, *La Vie de Plotin* I (Travaux préliminaires) e II (Introductions, texte grec, traduction française, commentaire, notes complémentaires) [Paris, Vrin, 1982 e 1992], citados nas notas sob a forma: Porphyre. *Vie de Plotin*, t. I ou t. II. Por isso, as traduções que faço da *Vida de Plotino* são às vezes tiradas dessa obra coletiva ou inspiradas por ela, o que não me impediu, aliás, de eu mesmo tentar melhorar, sob certos aspectos, a compreensão deste texto muito difícil.

Nas traduções, empreguei aspas para assinalar as citações (de Platão ou de outros autores); o itálico assinala um conceito ou uma fórmula sobre os quais quero chamar a atenção, os colchetes, uma breve explicação destinada a esclarecer o texto. Parênteses correspondem a um parêntese no texto de Plotino ou de Porfírio.

# 1. Retrato

*"Não deixes de esculpir tua própria estátua."*
(I 6, 9, 13)

Que sabemos de Plotino? Alguns detalhes, em última instância, pouca coisa. Temos uma vida do filósofo, escrita aproximadamente em 301 depois de Cristo, por seu discípulo Porfírio, que conservou piedosamente algumas anedotas, alguns traços de caráter, a recordação de conversas com seu mestre. Mas ele, seu mestre, nunca falava do que teria sido sua vida antes de sua chegada a Roma, nos tempos do imperador Filipe. Não dizia nada sobre sua pátria, seus ancestrais, seus pais, sua infância – como se ele tivesse se recusado a identificar-se com o indivíduo chamado Plotino, como se ele tivesse desejado reduzir sua vida a seu pensamento. Como então traçar o retrato da alma de Plotino com tão magros dados?

Diremos: existe a obra, existem esses 54 tratados filosóficos, reunidos por Porfírio, sob o título geral e artificial: *Enéadas*. Não seria aí que encontraríamos a alma de Plotino?

Mas um monumento literário da Antiguidade é algo muito diferente de uma obra moderna. Nos nossos dias, podemos dizer: "Madame Bovary sou eu". O autor se dedica, se exprime, se liberta. Ele busca a originalidade, o nunca dito. O filósofo propõe "seu" sistema, ele o expõe de uma maneira pessoal, escolhe livremente seu ponto de partida, o ritmo dos seus desenvolvimentos, a estrutura da sua obra. Em tudo, ele busca impor sua marca própria. Como todas as obras da Antiguidade tardia, as *Enéadas* conhecem outras obrigações. Aqui a originalidade é um defeito; a inovação, suspeita; a fidelidade à tradição, um dever.

> Nossos discursos nada têm de novo; eles não são de hoje, mas foram ditos há muito tempo, sem, todavia, ser desenvolvidos. Nossos discursos de agora são apenas exegeses dos antigos discursos; são os escritos do próprio Platão que nos asseguram que estas teorias são antigas. (V 1, 8, 10-14)

Permanecendo parcialmente o que ele era tradicionalmente, isto é, um exercício dialético, o discurso filosófico torna-se, antes de tudo, uma explicação de texto: a exegese dos fundadores da escola, Platão nesse caso; mas ele quer ser também, e ao mesmo tempo, um chamado à saúde da alma, uma predicação. Exegese, a filosofia se contentará em comentar os textos de Platão ou de Aristóteles e buscará notadamente conciliar os textos, quando parecerem apresentar contradições. É por ocasião desses esforços de conciliação e de sistematização que a originalidade individual poderá encontrar um campo de ação. Predicação, a filosofia será uma exortação à vida virtuosa e será conduzida, ainda aqui, segundo temas e cânones seculares. O filósofo é um professor e um diretor de consciência que não busca expor sua visão do universo, mas formar discípulos por meio de exercícios espirituais. Os escritos de Plotino são, antes de tudo, discussões ou exortações, que, com frequência, estão estritamente ligadas aos cursos proferidos publicamente.

O leitor moderno deve então ser extremamente prudente quando abre esses velhos livros. Ele incessantemente corre o risco de tomar por um traço revelador o que é somente um lugar-comum escolar. O psicanalista acreditará descobrir um sintoma onde somente haverá uma banalidade impessoal.

Poderíamos, por exemplo, conforme métodos caros à crítica literária moderna, abordar Plotino estudando as imagens fundamentais que dominam a obra: o círculo, a árvore, a dança. Mas a maior parte dessas imagens não é espontânea: elas são tradicionais, impostas pelos textos a comentar ou pelos temas a desenvolver. Poderemos indubitavelmente especificar a transformação que Plotino as faz sofrer. É fato que elas não emanam do mais profundo da sua personalidade.

A história literária se revela aqui então um instrumento indispensável. E, no entanto, ela ainda é insuficiente. Pois, para aumentar a dificuldade, acontece que as fontes imediatas de Plotino nos são quase totalmente desconhecidas. Nunca estaremos absolutamente seguros que tal ou tal doutrina seja verdadeiramente de Plotino.

Na vida de Plotino, com efeito, há um nome, um grande nome, mas, infelizmente, nada além de um nome: Amônio. Com aproximadamente 30 anos de idade, em Alexandria, onde vivia, Plotino, a conselho de um amigo, foi escutá-lo e exclamou: "Eis o homem que eu buscava". Foi seu discípulo por 11 anos. Amônio sempre se recusou a escrever. Não podemos, pois, dizer quase nada sobre o que pode ter sido seu ensinamento, mas sabemos por Porfírio que ele exerceu uma enorme influência sobre Plotino. Nosso filósofo, quando chegou a Roma, ficou ainda 10 anos sem nada escrever e contentou-se em dar lições segundo o ensinamento de Amônio. Mais tarde, mesmo tendo ele aprofundado sua própria doutrina, suas pesquisas continuaram sendo conduzidas "no espírito de Amônio".[1]

Contudo, igualmente por Porfírio, sabemos que alguns dos seus contemporâneos reprovavam Plotino por copiar subservientemente Numênio, um filósofo platônico que havia escrito um século antes. A maior parte da sua obra se perdeu, mas é certo que algumas das páginas que nos foram conservadas são dignas de Plotino.

---

[1] V. P. III, 33 e XIV, 15.

Diante de tais incertezas, podemos então traçar um retrato espiritual de Plotino? Caso se tratasse de um escritor qualquer, seria necessário renunciarmos à nossa empresa. Como, com efeito, delinear a psicologia de um autor se nunca se sabe com precisão o que é dele e o que não é dele?

Mas, precisamente, trata-se de Plotino. Basta ler algumas páginas para ter a impressão de uma tonalidade única, incomparável, insubstituível. O historiador pode notar de passagem: essa imagem encontra-se já em Sêneca ou em Epiteto, essa expressão se encontra textualmente em Numênio, mas ele não deixa de ser captado por um movimento irresistível, que não pode analisar, que não pode reduzir a um sistema de noções definidas: pouco importam os temas convencionais, os textos a explicar, as imagens clássicas, as necessidades da exposição. Uma experiência fundamental, mas inexprimível, transfigura tudo: Plotino só tem uma coisa a dizer. Para dizê-la, ele apela a todas as possibilidades da linguagem da sua época, mas ele nunca a dirá:

> É suficiente[2] e podemos parar nestas palavras? Não, a alma experimenta ainda, e mais que nunca, as dores do parto. Talvez inclusive ela tenha chegado ao ponto em que é preciso que ela parteje; pois ela lançou-se em direção a Ele e ela está repleta de dores do parto. Todavia, é preciso novamente recorrer aos encantamentos, se ao menos nós podemos encontrar em algum lugar um encantamento para tais dores. Talvez pudéssemos tirar esse encantamento daquilo que nós já dissemos, se o repetíssemos frequentemente. Qual outro encantamento, com efeito, poderia ser considerado novo? Pois, se a alma passou em revista todas as verdades, no entanto, se queremos que ela as exprima e as articule de maneira discursiva, ela afasta essas verdades das quais participamos, pois o pensamento discursivo, se quer exprimir algo, deve apreender uma coisa, depois outra. Eis aí, precisamente, o "percurso".[3]

---

[2] A tradução inédita do tratado V, 3, realizada por B. Ham me ajudou muito a compreender esse texto difícil [Plotin. *Traité 49 (V, 3)*, introd., trad. coment. e notas por B. Ham. Paris, Cerf, 2000. (N. T.)].

[3] Trata-se do "percurso" e da "errância" da pesquisa dialética de que fala Platão, *Parmênides*, 136 c.

Mas qual "percurso" pode haver no que é absolutamente simples? (V 3, 17, 15-25)

Fazer o retrato de Plotino, o que seria senão a descrição dessa busca infinita do absolutamente simples?

\*\*\*

Os historiadores da arte pensaram poder reconhecer retratos de Plotino em diversas obras artísticas que datam da época do imperador Galieno. Mas não dispomos de nenhuma prova decisiva da sua autenticidade. Isso talvez frustre nosso gosto moderno pela anedota e pela exatidão histórica, mas a coisa teria sido por certo indiferente ao próprio Plotino. Um dos seus alunos pediu-lhe para aceitar que fizessem seu retrato.[4] Ele recusou claramente e não consentiu em posar. Explicou-se: "Não é suficiente carregar essa imagem com a qual a natureza nos revestiu, seria preciso ainda permitir deixar atrás de nós uma imagem dessa imagem, mais durável ainda que a primeira, como se fosse uma obra digna de ser vista?" (V. P. I, 7-10).

Perpetuar a imagem de um homem "qualquer", representar um indivíduo, isso não é arte. A única coisa que merece deter nossa atenção e ser fixada em uma obra imortal talvez seja apenas a beleza de uma forma ideal. Se for esculpida a figura de um homem, que seja reunida nela tudo o que se pôde encontrar de belo. Se for feita a estátua de um deus, que se faça como Fídias, esculpindo seu Zeus: "Ele não tomou nenhum modelo sensível, mas o imaginou tal qual seria, se consentisse em aparecer aos nossos olhos" (V 8, 1, 38-40).

A arte não deve copiar a realidade: pois, nesse caso, ela seria apenas a má cópia de uma cópia, isto é, do objeto que cai sob nossos sentidos. A verdadeira função da arte é "heurística": para ele, nós descobrimos, nós "inventamos", por meio da obra de arte que busca imitá-lo, o modelo eterno, a Ideia, da qual a realidade sensível era apenas uma imagem. O verdadeiro

---

[4] Ver as excelentes páginas consagradas a essa anedota em Porfírio, *Vida de Plotino*, t. II, p. 192-198 e 301-334 (J. Pépin, *L'Épisode du Portrait de Plotin*).

retrato atingirá então o verdadeiro eu "tal que em si mesmo enfim a Eternidade o muda".⁵

O trabalho do artista pode então ser o símbolo da busca do verdadeiro eu. Assim como, em um bloco de pedra, o escultor procura atingir a forma que tornará sensível a beleza ideal, a alma deve procurar dar a si mesma a forma espiritual, rejeitando tudo o que não é dela:

> Retorna a ti mesmo e olha: se não te vês ainda belo, faze como o escultor de uma estátua que deve se tornar bela: ele retira, raspa, pule, ele limpa até que faça aparecer um belo rosto na estátua. Tu também, retira tudo o que é supérfluo, endireita tudo o que é tortuoso, limpando tudo o que é sombrio torna-o brilhante, e não deixes de "esculpir" tua própria "estátua" até que resplandeça para ti o divino esplendor da virtude, até que vejas "a Sabedoria, em pé sobre seu solo sagrado"⁶... Tu te tornaste isso? Viste isso? ... Se te vês assim transformado, então, transformado tu mesmo em uma visão, adquirindo confiança em ti mesmo, já subindo em direção ao alto, ao mesmo tempo permanecendo aqui, não tendo mais necessidade de guia, fixa intensamente os olhos e vê! (I 6, 9, 7-24)

A estátua material se conforma pouco a pouco com a visão do escultor; mas, quando estátua e escultor são apenas um, quando são a mesma alma, a estátua é imediatamente apenas a própria visão, a beleza é apenas um estado de simplicidade total, de pura luz.

Como fazer o retrato espiritual de Plotino sem adotar esse movimento de purificação, pelo qual o eu, separando-se de tudo o que não é verdadeiramente ele próprio, abandonando o corpo, a consciência sensível, os prazeres, as dores, os desejos, os temores, as experiências, os sofrimentos, todas as particularidades individuais e contingentes, remonta ao que nele é mais ele mesmo que ele?

---

⁵ Mallarmé, "Tombeau d'Edgar Poe", em S. Mallarmé, *Œuvres*, ed. par Y. A. Fabre, Paris, Garnier-Flammarion, Paris, 1992, p. 71.
⁶ Platão, *Fedro*, 252 d 7 e 254 b 8.

Esse movimento nós encontramos precisamente na própria obra de Plotino. Os tratados são exercícios espirituais nos quais a alma se esculpe a si mesma, isto é, se purifica, se simplifica, se eleva ao plano do pensamento puro antes de se transcender no êxtase.

Existem então particularidades históricas da obra como existem as do indivíduo. Pouco importa que tal ou tal desenvolvimento seja ou não de Plotino, quando é preciso se desfazer de todo "saber" para "ser" puramente.

Nossa ignorância da vida do indivíduo Plotino, nossas incertezas sobre a obra do indivíduo Plotino correspondem ao desejo profundo do indivíduo Plotino, o único desejo no qual ele teria se reconhecido, o único desejo que o define, o de não ser mais Plotino, o de perder-se na contemplação e no êxtase: "Cada alma é e se torna o que ela vê" (IV 3, 8, 15-16).

Fazer o retrato de Plotino não seria nada além de descobrir, por meio da sua obra e da sua vida, os sentimentos fundamentais que, como as cores do arco-íris, compõem a luz simples desse único desejo, dessa atenção perpetuamente voltada para o divino.

## 2. Níveis do eu

> *"Mas nós... Quem? Nós?"*
> (VI, 4, 14, 16)

"Plotino tinha vergonha de ter um corpo."[1] É assim que Porfírio começa a narrativa da vida de seu mestre. Não nos apressemos aqui em diagnosticar algum traço mórbido próprio a nosso filósofo. Se psicose existe, não é a de toda uma época, como pude anteriormente pensar e como se acredita muito frequentemente, mas a que era própria a certo meio espiritual e literário da época.[2] Nos três primeiros séculos da era cristã, florescem as gnoses e as religiões de mistérios. Para elas, o homem se sente como estrangeiro aqui, como exilado em seu corpo e no mundo sensível. A popularização do platonismo explica em parte esse sentimento: considera-se o corpo um túmulo e uma prisão, e do qual a alma deve se separar porque ela é parente das Ideias eternas; nosso verdadeiro eu é puramente espiritual. E é preciso ter em conta também as teologias astrais: a alma tem origem celeste e ela desceu até aqui por uma viagem estelar, ao longo da qual se revestiu de invólucros cada vez mais grosseiros cujo último é o corpo terrestre.

---

[1] V. P. I, 1.
[2] Sobre a noção de mentalidade coletiva, ver minhas críticas no *Annuaire du Collège de France*, 1983-1984, p. 505-510.

Sob a influência desse platonismo difuso, experimenta-se certa náusea do corpo. Será esta, aliás, uma das razões da hostilidade pagã em relação ao mistério da Encarnação. Porfírio o dirá claramente: "Como admitir que o divino tenha se tornado embrião, que, após seu nascimento, tenha sido envolvido em cueiros, todo sujo de sangue, de bile e coisas piores?".[3]

Mas os próprios cristãos bem verão que esse argumento se volta contra aqueles que, tal como os platônicos, creem na preexistência das almas em um mundo superior:

> Se as almas, como se conta, fossem da raça do Senhor, elas habitariam sempre a corte do Rei e não teriam de modo algum deixado aquele lugar de beatitude... não teriam, por um movimento irrefletido, ganhado esses lugares terrestres onde habitam corpos opacos, estritamente misturadas aos humores e ao sangue, nestes odres de excrementos, nestes jarros imundos de urina.[4]

Pode-se dizer que todas as filosofias dessa época buscam explicar a presença da alma divina em um corpo terrestre e que respondem a uma ansiosa interrogação do homem que se sente estrangeiro aqui: "Quem éramos? O que nos tornamos? Onde estávamos? Onde fomos jogados? Aonde vamos? De onde vem a liberação?".[5]

Na própria escola de Plotino, alguns davam a essa interrogação gnóstica a resposta do gnosticismo. Para eles, as almas caíram no mundo sensível em decorrência de um drama exterior a elas. Uma Potência má havia criado o mundo sensível. As almas, não obstante parcelas do mundo espiritual, nele se encontravam prisioneiras. Mas, vindas do mundo espiritual, continuavam espirituais. Sua infelicidade provinha somente do lugar onde se encontravam. Com o fim do mundo, com a

---

[3] Porfírio, *Contra os Cristãos,* frag. 77, ed. A. von Harnack, Porphyrios, *Gegen die Christien,* Berlim, Academia Real, 1916.

[4] Arnóbio, *Contra os Gentios,* II, 37.

[5] Clemente de Alexandria, *Extratos de Teodoto,* 78, 2, ed. e trad. Sagnard. Paris, Éditions du Cerf ("Sources Chrétiennes", t. 23), 1948, p. 203.

destruição da Potência má, sua provação teria fim. Elas retornariam ao mundo espiritual, ao "Pleroma". A salvação era, portanto, exterior à alma: consistia em uma mudança de lugar; dependia da luta entre as Potências superiores.

\*\*\*

Contra essa doutrina que, revestindo-se de uma aparência platônica, ameaçava corromper seus discípulos, Plotino reagirá com paixão em suas lições e seus escritos.

É que a experiência fundamental de Plotino, apesar de semelhanças superficiais, é diametralmente oposta à atitude gnóstica.

Como o gnóstico, por certo, Plotino sente, no momento mesmo em que está no corpo, que ele é sempre o que era antes de estar no corpo. Seu eu, seu verdadeiro eu, não é deste mundo. Mas Plotino não tem que esperar o fim do mundo sensível para que seu eu, de essência espiritual, retorne ao mundo espiritual. Esse mundo espiritual não é um lugar supraterrestre ou supracósmico do qual os espaços celestes o separariam. Não é tampouco um estado original irremediavelmente perdido ao qual somente a graça divina poderia reconduzir. Não, esse mundo espiritual não é outro senão o eu mais profundo. Pode-se atingi-lo imediatamente entrando em si mesmo.

Muitas vezes, despertando-me do corpo e voltando-me para mim mesmo,[6] saindo das demais coisas e entrando em

---

[6] Santo Ambrósio (em seu sermão *De Isaac* IV, 11, *Corp. Script. Latin.*, t. XXXII, Viena, 1897, p. 650, 15 – 651, 7) aproxima esse êxtase de Plotino ao êxtase de São Paulo (cf., II Epístola aos Coríntios, 12, 1-4): "Bem-aventurada a alma que penetra os segredos do Verbo. Pois, *despertando-se do corpo, tornando-se estrangeira a qualquer outra coisa*, ela busca *no interior dela mesma*, ela perscruta para saber se, de algum modo, poderia atingir o ser divino. E, quando ela pôde enfim compreender isso, *ultrapassando qualquer outra realidade espiritual, ela situa nele sua morada* e se alimenta dele. Tal era Paulo, que sabia que havia sido transportado até o paraíso; mas não sabia se fora transportado em seu corpo ou fora do seu corpo. Pois, sua alma *tendo se despertado do seu corpo* e se distanciado e elevado para fora dos sentimentos e dos laços da carne e, assim, se tornado estrangeira a ele mesmo, ele recebeu em si mesmo palavras inefáveis que entendeu e não pôde divulgar, pois, observa, não é permitido ao homem dizer essas coisas". O que tocou Santo Ambrósio é que, por um lado, São Paulo

mim mesmo, contemplo uma beleza maravilhosa. Convencido de pertencer ao mais alto ponto no mundo superior, tendo vivido a vida mais exímia, torno-me idêntico ao divino, estabelecendo-me nele. Tendo chegado a essa atividade suprema e me estabelecendo acima de qualquer outra realidade espiritual, quando, após esse repouso no divino, desço do Intelecto ao pensamento racional, pergunto-me como é possível essa descida agora e como é possível que minha alma tenha chegado em algum momento a estar em um corpo, se, quando ela está em um corpo, é tal e qual se manifestou para mim. (IV 8, 1, 1-11)

Temos aqui efetivamente uma experiência mística da visão de si mesmo[7] na qual quem a tem vê-se como identificado ao Intelecto ou Espírito divino, em um estado de "beleza maravilhosa", e na qual se está consciente de viver em um nível superior de vida e de atividade. Não se trata ainda de um contato com o Princípio supremo, o Um ou o Bem, mas com aquilo que se encontra no nível imediatamente inferior: o Espírito.[8] Plotino aqui alude a momentos privilegiados, não a um estado contínuo. Uma espécie de despertar se produz: algo que, até então, era inconsciente invade o campo da consciência. Ou, antes, o indivíduo encontra-se em um estado que não experimenta habitualmente: ele exerce uma atividade que ultrapassa os modos de consciência e de raciocínio que lhe são costumeiros. Mas, após esses lampejos fugazes, fica completamente espantado de se reencontrar tal como era, vivo em seu corpo, consciente de si mesmo, raciocinando e refletindo sobre o que ocorreu consigo.

Essa experiência interior, Plotino a exprime em uma linguagem conforme a tradição platônica. Ele situa a si próprio

---

dizia que não sabia se ele havia sido transportado no seu corpo ou fora do seu corpo e que, por outro, Plotino falava de um despertar fora do corpo. Ele não hesita, então, em descrever o êxtase de São Paulo em termos que são tomados do êxtase de Plotino.

[7] Cf. acima, p. 27.

[8] Cf. P. Hadot, "L'union de l'âme avec l'intellect divin dans l'expérience mystique plotinienne", *Proclus et son Influence*, Actes du Colloque de Neuchâtel, Neuchâtel, Éditions du Grand Midi, 1986, p. 14.

e a sua experiência no seio de uma hierarquia de realidades que se estende de um nível supremo, Deus, a um nível extremo, a matéria. A alma humana, segundo essa doutrina, encontra-se em uma situação intermediária entre as realidades que lhe são inferiores, a matéria, a vida do corpo, e as que lhe são superiores, a vida puramente intelectual, própria à inteligência divina, e, mais alta ainda, a existência pura do princípio de todas as coisas. Segundo esse quadro, que corresponde a uma hierarquia recebida da tradição platônica, cada grau da realidade não pode ser explicado sem o grau superior: a unidade do corpo, sem a unidade da alma que a anima; a vida da alma, sem a vida do Intelecto superior que contém o mundo das Formas e das Ideias platônicas e que ilumina a alma e permite a ela pensar a si mesma; a vida do próprio Intelecto, sem a simplicidade fecunda do Princípio divino e absoluto.

Mas o que nos interessa aqui é que toda essa linguagem tradicional serve para exprimir uma experiência interior, o que significa então que esses níveis de realidade tornam-se níveis da vida interior, níveis do eu. Reencontramos aqui a intuição central de Plotino: o eu humano não está irremediavelmente separado do modelo eterno do eu, tal qual ele existe no pensamento divino. Esse verdadeiro eu, esse eu em Deus, nos é interior. Em certas experiências privilegiadas, que elevam o nível de nossa tensão interior, nós nos identificamos com ele, nos tornamos esse eu eterno; sua beleza indizível nos emociona e, identificando-nos com ele, nos identificamos com o próprio Pensamento divino, no qual ele está contido.

Essas experiências privilegiadas nos revelam então que não deixamos, que nós nunca deixamos de estar em contato com nosso verdadeiro eu. Nós estamos sempre em Deus:

> E, se é necessário ter a audácia de dizer com mais clareza o que me parece justamente contrário à opinião dos outros, nossa alma tampouco se afundou, na sua totalidade, no sensível, mas há algo dela que permanece sempre no mundo espiritual.
> (IV, 8, 8, 1-3)

E, se é assim, tudo está em nós e nós estamos em todas as coisas. Nosso eu estende-se de Deus à matéria porque estamos lá ao mesmo tempo que estamos aqui.

Como diz Plotino, retomando uma expressão homérica,[9] "nossa cabeça permanece fixa acima do céu". Mas a seguir surge uma dúvida:

> Se temos em nós tão grandes coisas, por que não temos delas consciência, por que, a maior parte do tempo, permanecemos sem exercer essas atividades superiores? Por que certos homens nunca as exercem? (V 1, 12, 1-3)

Plotino responde imediatamente:

> Nem tudo o que se encontra na alma é por isso consciente, mas isso chega a "nós" atingindo a consciência. Quando uma atividade da alma se exerce sem nada comunicar à consciência, essa atividade não chega à alma total. Segue-se então que "nós" nada sabemos dessa atividade, pois "nós" estamos ligados à consciência e "nós" não somos uma parte da alma, mas a alma total. (V 1, 12, 5-8)

Somos então inconscientes desse nível superior de nós mesmos que é nosso eu no pensamento divino, ou melhor, que é o pensamento divino de nosso eu, ainda que este seja uma parte – a parte superior – de nossa alma.

Podemos dizer verdadeiramente que *nós* somos as coisas das quais não temos consciência? E como explicar essa inconsciência?

> Mas nós... Que "nós"? Nós somos a parte da alma que permanece sempre no Espírito, ou somos o que se acrescentou a ela e que está submetido ao devir do tempo? Mas não é necessário dizer que, antes de se produzir o nascimento atual, nós éramos, no mundo transcendente, outros homens – alguns dentre nós, mesmo deuses –, nós éramos almas puras, nós éramos Espírito, unidos à totalidade do ser, partes do mundo

---

[9] IV 3, 12, 5; cf. Homero, *Ilíada*, IV, 443 e Platão, *Timeu*, 90 a.

espiritual, sem separação, sem divisão: nós pertencíamos ao Todo (e mesmo ainda agora nós não estamos dele separados).

Mas é verdade que agora, a esse homem aí, outro homem foi acrescentado: ele queria ser e nos tendo encontrado... ele se atribuiu a nós e se acrescentou ao homem que nós éramos originalmente... e assim nos tornamos os dois e mais de uma vez não somos mais aquele que nós éramos antes e nós somos aquele que nós nos acrescentamos a seguir: o homem que éramos cessa de agir e de algum modo de estar presente. (VI 4, 14, 16-31)

A consciência é um ponto de vista, é um centro de perspectiva. Nosso eu, para nós, coincide com esse ponto a partir do qual se abre para nós uma perspectiva sobre o mundo ou sobre nossa alma: dito de outro modo, para que uma atividade psíquica seja nossa, é preciso que ela seja consciente. A consciência – e nosso eu – situa-se, então, como um meio ou um centro intermediário, entre duas zonas de sombras, que se desenvolvem acima e abaixo dela: a vida silenciosa e inconsciente do nosso eu em Deus, a vida silenciosa e inconsciente do corpo. Podemos descobrir, pelo raciocínio, a existência desses níveis superior e inferior. Mas não *seremos* ainda verdadeiramente o que nós somos, enquanto disso não tivermos consciência. Se pudéssemos tomar consciência da vida do espírito, perceber as pulsações dessa vida eterna que está em nós, como podemos, prestando atenção, perceber as pulsações do nosso coração de carne, então a vida do espírito invadiria o campo da nossa consciência, tornar-se-ia realmente nós mesmos, seria verdadeiramente nossa vida:

A atividade do alto[10] só exerce sua influência sobre nós quando chega até a parte mediana da alma [= a consciência]. O que então? Não somos nós também o que se encontra em um nível superior a essa parte mediana? Sim, mas é preciso que nós tenhamos consciência disso. Pois nós nem sempre

---

[10] Plotino emprega frequentemente a expressão *ekei*, "no alto" (que E. Bréhier traduz por "lá"), para designar o mundo transcendente, isto é, o Um e o Espírito contendo o mundo das Formas.

usamos o que possuímos, mas somente quando orientamos a parte mediana da alma em direção ao alto ou no outro sentido, ou quando atualizamos o que estava em nós somente em estado de potencialidade ou disposição. (I 1, 11, 2-8)

Plotino nos convida, então, a essa conversão da atenção, que, já nele, é a "prece natural" da qual falará Malebranche.[11] O método é aparentemente simples:

> É preciso parar de olhar; é preciso, fechando os olhos, trocar essa maneira de ver por outra e despertar a faculdade que todo mundo possui, mas da qual poucos fazem uso. (I 6, 8, 25-27)

Isso será mais simples porquanto a consciência, é, em última instância, uma espécie de espelho, que basta purificar e virar em certa direção para que reflita os objetos que se apresentam a ele. É preciso então se colocar em uma disposição interior de calma e de repouso para perceber a vida do pensamento:

> Parece que a consciência existe e se realiza quando a atividade do Espírito se refrata e também quando a atividade de pensamento que se exerce no nível da vida própria à alma [= a razão discursiva] reflete, de algum modo, como ocorre em um espelho[12] sobre a superfície polida e brilhante, se ela está em repouso. Então, como em todos os casos de reflexão, se o espelho está aí, a imagem se produz, mas se o espelho não está aí ou se não está no estado desejado para refletir as imagens, aquilo do qual poder-se-ia ter tido imagem não está mais nele presente em ato; da mesma maneira, na alma, se o que está em nós é análogo ao espelho [isto é, a consciência], se aquilo em que aparecem os reflexos da razão e do Espírito não está perturbado, esses reflexos podem nele ser vistos e conhecidos por uma espécie de percepção, sabendo de antemão que se trata da atividade da razão discursiva e do Espírito. Mas, se a consciência é como um espelho quebrado, porque a harmonia do corpo está perturbada, razão

---

[11] Malebranche, "Méditations chrétiennes et métaphysiques", XIII, 11 e 18; XV, 9 em *Œuvres Complètes*, t. X. Paris, Vrin, p. 144, 148 e 168.
[12] Cf. também IV 3, 30, 6.

discursiva e Espírito exercem sua atividade sem reflexo e há, então, uma atividade do Espírito sem representação imaginativa (*phantasia*). (I 4, 10, 6-18)

Plotino vislumbra aqui esse caso extremo que é a loucura: a vida espiritual do sábio não será interrompida, porque ele terá perdido a consciência da sua vida espiritual, porque o espelho da consciência terá sido quebrado pelas perturbações corporais. Mas é preciso compreendermos, ao mesmo tempo, porque não percebemos habitualmente a vida do Espírito em nós. Nossa consciência – nosso espelho interior – está perturbado e alterado pela preocupação com as coisas terrestres e corporais.

O que nos impede de ter consciência da nossa vida espiritual não é nossa vida no corpo – de si ela é inconsciente –, mas a preocupação que temos com o corpo. A verdadeira queda da alma é esta. Deixarmo-nos absorver por vãs preocupações, por interesses exagerados:

> É preciso então, caso se queira que haja consciência das coisas transcendentes assim presentes [no cimo da alma], que a consciência se volte para o interior e que ela oriente sua atenção para o transcendente. Dá-se aqui o mesmo que com um homem à espera de uma voz que deseja escutar: ele descartaria todas as outras vozes, disporia o ouvido para o som que prefere a todos os outros, a fim de saber se ele se aproxima; do mesmo modo, é-nos preciso deixar os ruídos sensíveis, exceto em caso de necessidade, para guardar a potência da consciência da alma, pura e pronta para escutar os sons que vêm do alto. (V 1, 12, 12-21)

Então, não é por raiva e por desgosto do corpo que será preciso se desligar das coisas sensíveis. Elas não são más em si mesmas. Mas a preocupação que elas nos suscitam impede-nos de prestar atenção à vida espiritual que vivemos inconscientemente. Plotino quer que, desde aqui, estejamos, em relação às preocupações com as coisas terrestres e mesmo com a lembrança dessas preocupações, na atitude que a alma terá após a morte, quando ela se elevará em direção ao mundo superior:

Mais ela se apressa em direção ao alto, mais ela esquece as coisas daqui, a menos que, mesmo aqui, ela tenha vivido de tal maneira que só tenha lembranças das coisas do alto; pois já aqui é bom "manter-se fora dos negócios humanos",[13] logo necessariamente também fora das lembranças humanas. Eis porque, dizendo que a alma boa é esquecida,[14] ter-se-ia razão, num certo sentido, pois ela foge para fora da multiplicidade e ela reúne em uma única coisa toda esta multiplicidade, rejeitando o indeterminado. Assim ela não se sobrecarrega com muitas coisas, mas ela é leve, ela é apenas ela mesma; e, com efeito, já aqui, se ela quer estar lá no alto, estando ainda aqui, ela abandona todas as outras coisas. (IV 3, 32, 13-22)

Bastaria então renunciar à preocupação, voltar nossa atenção para o cimo da nossa alma, para que tomemos consciência imediatamente da nossa verdadeira vida e do nosso verdadeiro eu, para que experimentemos, por assim dizer à vontade, as experiências privilegiadas que Plotino descreve?

\*\*\*

Não, esta aqui é apenas uma fase preparatória, ainda que indispensável. Mas é apenas em certos momentos fugazes que nos identificaremos com nosso verdadeiro eu. É que a vida espiritual que nosso verdadeiro eu vive sem cessar constitui um nível de tensão e concentração que é superior ao nível próprio à nossa consciência. Mesmo se nos elevarmos a esse nível, não poderemos nos manter nele. E, quando o atingimos, não tomamos consciência do nosso eu superior; mais exatamente, perdemos consciência do nosso eu inferior. Nossa consciência, com efeito, é apenas uma sensação interior: ela exige em nós um desdobramento, uma distância temporal, por mínima que seja, entre o que vê e o que é visto. Ela não é então uma presença, é uma lembrança, está engajada inexoravelmente no tempo. Ela nos fornece apenas reflexos, que tenta fixar exprimindo-os na linguagem.

---

[13] Platão, *Fedro*, 249 c 9.

[14] Apesar de Platão, *República*, 486 d 1, que afirma que a alma filosófica não deve ser esquecida.

A atividade do nosso verdadeiro eu se exerce, ao contrário, na presença total, na eternidade e na simplicidade perfeita:

> Que possamos nos lembrar, a esse respeito, que, mesmo aqui, quando exercemos uma atividade de contemplação, sobretudo quando ela se realiza com grande clareza, não fazemos então o retorno em direção a nós mesmos por um ato de pensamento, mas possuímos a nós mesmos, e a atividade de contemplação é toda voltada para o objeto, nos tornamos este objeto... só somos nós mesmos de uma maneira potencial. (IV 4, 2, 3-8)

Eis todo o paradoxo do eu humano: somos apenas aquilo de que temos consciência, e, no entanto, temos consciência de ter sido mais nós mesmos nos momentos precisos em que, alçando-nos a um nível mais elevado de simplicidade interior, perdemos consciência de nós mesmos.

É por isso que, no trecho autobiográfico citado antes, Plotino dizia que, no momento em que, retomando a consciência após seus êxtases, descia da intuição à reflexão, se perguntava a cada vez como pôde descer, como pôde retomar consciência, como, após ter vivido a unidade do Espírito, pôde reencontrar o desdobramento do eu consciente. É que, passando de um nível interior a outro, o eu tem sempre a impressão de se perder. Se ele se unifica e eleva-se ao pensamento puro, o eu teme perder consciência de si mesmo e não mais se possuir. Mas, se ele chega a viver sua vida divina, teme retomar consciência, se perder desdobrando-se. Parece então que a consciência, não mais que a lembrança, não é a melhor das coisas. Quanto mais uma atividade é intensa, menos ela é consciente.

> Encontraríamos facilmente, mesmo no estado de vigília, enquanto pensamos ou agimos, belas atividades, mesmo que sejam contemplações ou ações que não são acompanhadas da consciência que poderíamos ter delas. Pois não é necessário que quem lê tenha consciência que lê, sobretudo quando lê com intensidade; e, igualmente, aquele que desempenha um ato de coragem não tem consciência de que age em conformidade com a virtude da coragem no momento em que realiza este ato. (I 4, 10, 21-27)

A consciência aparece de algum modo quando há ruptura de um estado normal: a doença, por exemplo, provoca um choque que nos faz tomar consciência dela. Mas não temos consciência do estado de nosso corpo se estamos em boa saúde. Há algo mais grave:

> Assim as tomadas de consciência correm o risco de enfraquecer os atos que acompanham: se não são acompanhados de consciência, os atos são mais puros, mais ativos, mais vivos; e certamente também, quando os homens de bem chegam a um tal estado, sua vida é mais intensa, porque ela não se deixa esvair na consciência, mas está concentrada em si mesma em um mesmo ponto. (I 4, 10, 28-32)

Mas esses estados não podem se prolongar: somos, irremediavelmente, seres conscientes e desdobrados. Queremos apreender esses momentos de unidade, fixá-los, conservá-los, mas eles nos escapam no momento mesmo em que acreditamos retê-los: recaímos da presença à lembrança.

Só podemos então elevarmo-nos à vida espiritual por uma espécie de vai e vem contínuo entre os níveis descontínuos da nossa tensão interior. Voltando nossa atenção para o interior de nós mesmos, é preciso nos prepararmos assim para experimentar a unidade do Espírito, depois recair no plano da consciência para reconhecer que é "nós" que estamos "lá" e perder novamente consciência para reencontrar nosso verdadeiro eu em Deus. Mais exatamente, no momento do êxtase, será necessário resignar-se a guardar apenas uma consciência confusa de si mesmo:

> Essa identidade [daquele que vê e daquilo que é visto] é, de algum modo, apreensão e consciência do eu, que deve cuidar bem para não se distanciar de si mesmo por um desejo demasiado grande de ter consciência de si. (V 8, 11, 23-24)

Esse movimento de vai e vem que nos permite ter a experiência interior do nosso eu em Deus ou de Deus em nós, Plotino o descreve da maneira seguinte:

> Se ele distancia, ainda que ela seja bela, essa imagem [dele mesmo unido ao Deus, isto é, o Espírito], e chega a ser *um* com

o Espírito, sem mais se desdobrar, ele é ao mesmo tempo Um e Tudo, com esse Deus [= o Espírito], que está presente no silêncio, e ele está com ele tanto quanto ele pode e quer.

Mas se, a seguir, ele se volta para tornar-se novamente *dois*, ele fica próximo de Deus, na medida em que permanece puro, de modo que ele pode lhe estar presente de novo, da maneira que acabamos de descrever, se, novamente, ele se volta para o Deus.

Mas, nesse voltar-se, eis o que ele ganha: no início, há a consciência de si mesmo, tanto quanto ele permanece diferente de Deus; mas, quando vira-se apressado para o interior, está em um estado de totalidade e, deixando a consciência para trás por medo de ficar diferente [de Deus], ele é um, neste estado transcendente. (V 8, 11, 4-12)

A experiência interior plotiniana revela-nos então, assim, níveis descontínuos de nossa vida espiritual. Dispersos nos cuidados e nas preocupações da vida cotidiana, podemos inicialmente nos concentrar na direção interior, dirigir nossa atenção para as coisas de cima, retomar consciência de nós mesmos. Descobriremos então que, por vezes, podemos nos elevar a uma unidade interior mais perfeita, na qual atingimos nosso verdadeiro eu vivente e real no Pensamento divino. Chegados a esse nível, tocaremos talvez um estado de unidade indizível, no qual coincidiremos misteriosamente com a simplicidade absoluta donde procede toda vida, todo pensamento e toda consciência.

Mas esses níveis não abolem uns aos outros: é seu conjunto e sua interação que constituem a vida interior. Plotino não nos convida à abolição da personalidade no *nirvana*. A experiência plotiniana, ao contrário, revela que nossa identidade pessoal supõe um absoluto indizível do qual ela é, ao mesmo tempo, a emanação e a expressão.

# 3. Presença

> *"Se Deus estivesse ausente do mundo,*
> *tampouco em vós estaria."*
> (II 9, 16, 25)

Contra os gnósticos, Plotino afirmava então que o mundo espiritual não estava alhures, mas apenas em nós mesmos: às vezes, ao olhar da alma purificada, o eu transfigurado aparecia a si mesmo como "uma Beleza de uma maravilhosa majestade" e a vida interior como banhada em uma vida divina. Plotino nos convidava, assim, a uma metamorfose da nossa percepção interior. Era preciso que a consciência, cessando de se desdobrar, viesse coincidir com esse nível superior de tensão e de unidade que era nosso verdadeiro eu. Era preciso aprender a olhar-nos para descobrir em nós o mundo espiritual.

Mas, então, é preciso dizer que o mundo sensível está irremediavelmente separado deste mundo espiritual? Os gnósticos têm razão em desprezar a natureza corporal e de nela não ver nada além de uma obra fabricada por uma Potência má? Não, se o mundo espiritual está em nós, ele está também fora de nós; se basta saber olhar em nós para o descobrir, basta saber olhar fora de si para percebê-lo por trás das aparências. À metamorfose do olhar interior, corresponderá a metamorfose da visão sensível.

O gnóstico não sabe olhar o mundo:

> Quem entre essas pessoas que, por falta de sabedoria, se acreditam mais sábias que ele é tão bem ordenado e tão sábio quanto o universo? Fazer uma tal comparação é ridículo, é um grande absurdo. Aquele que a fizer, sem ser levado a isso pela necessidade da discussão, não poderia ser isento de uma falta por impiedade. E inquirir-se sobre esse ponto não é tarefa de um homem sensato, mas de um cego, que não tem nem sensibilidade nem inteligência, e está bem distante de poder contemplar o mundo inteligível, pois não vê sequer o mundo sensível. (II 9, 16, 32-39)

> Se é verdade que aqueles que olham com seus olhos as obras de arte não veem da mesma maneira os mesmos objetos nos quadros, mas que, se reconhecem no sensível a imitação de algo que se encontra no Pensamento, são como que atingidos por um estupor e são levados a se relembrar da realidade verdadeira – e certamente, a partir dessa emoção, despertam também os amores –, sim, se é verdade que alguém que vê a Beleza excelentemente representada em um rosto[1] é transportado para o mundo transcendente, haverá alguém que seja a tal ponto indolente de pensamento e incapaz de se emocionar por outra coisa, mas que, vendo todas as belezas que estão no mundo sensível, toda esta harmonia, esta ordem majestosa, este esplendor da forma que se manifesta nos astros, mesmo se estão longe de nós, não seja conduzido a refletir e a conceber para este mundo sensível um respeito religioso, dizendo a si mesmo: "Que maravilhas, e de que maravilhas devem vir essas maravilhas!". (II 9, 16, 43-55)

Saber olhar o mundo sensível é "prolongar a visão do olho por uma visão do espírito", é, "por um potente esforço de visão mental, perfurar o invólucro material das coisas e ir ler a fórmula, invisível ao olho, que desfaz sua materialidade".[2]

---

[1] Platão, *Fedro*, 251 a 2.

[2] Tomo de empréstimo essas fórmulas de H. Bergson, "La vie et l'œuvre de Ravaisson", *La Pensée et le Mouvement*. Paris, Presses Universitaires de France, 1946, p. 258 (H. Bergson, *O Pensamento e o Movente*, trad. B. Prado Neto. São Paulo, Martins Fontes, 2006 (N. T.)).

Poderíamos chamar essa trajetória o método de Linceu, "que via mesmo o que há no interior da terra".³ Ele nos faz ultrapassar as aparências materiais para ver sua forma:

> Este mundo sensível, com cada uma das suas partes permanecendo o que ela é sem se confundir com outra, nós o compreendemos pelo pensamento, tanto quanto isso é possível, como uma unidade na qual tudo está disposto junto, de tal modo que, se qualquer uma das suas partes nos aparece (por exemplo, a esfera exterior que recobre o céu), a representação do sol e ao mesmo tempo aquela dos outros astros vêm imediatamente, e tornam visíveis também a terra, o mar e todos os viventes, do mesmo modo que seria possível que, em uma esfera transparente, todas as coisas pudessem efetivamente se tornar visíveis. Que haja então na alma uma representação luminosa desta esfera, contendo tudo nela... Guardando esta representação em ti mesmo, forma-te em ti mesmo uma outra representação, suprimindo desta vez a massa; suprime também o espaço e a imaginação da matéria, sem tentar conceber uma esfera menor que esta pela massa. (V 8, 9, 1-12; cf. também II 9, 17, 4)

Por esse método, aparece sob nossos olhos o mundo das Formas que é, assim, apenas o mundo sensível libertado das suas condições materiais, isto é, reduzido à sua Beleza:

> Donde veio então o brilho da beleza desta Helena tão disputada ou de todas estas mulheres que, por sua beleza, são semelhantes a Afrodite?... [Esta fonte da beleza] não é sempre a forma? Mas, se a mesma forma, quer se encontre em uma pequena ou em uma grande massa, emociona da mesma maneira e põe em uma disposição idêntica, pela potência que lhe é própria, a alma daquele que a contempla, é bem por não ser necessário relacionar a Beleza à grandeza da massa. Eis aqui a prova: enquanto a forma está no exterior, não a vemos ainda. É quando ela chega ao interior que exerce

---

³ V, 8, 4, 25. Linceu, que participou da expedição dos Argonautas, era célebre por sua visão penetrante.

uma influência sobre nós. Pois é somente como forma que ela pode penetrar nos olhos. (V 8, 2, 9-26)

A emoção que produz em nós a beleza visível é então provocada pela Forma que se manifesta no corpo. O mundo das Formas pode, assim, nos emocionar sensivelmente, percebido com uma volúpia que nenhuma realidade sensível poderá despertar:

> [Neste mundo das Formas], todas as coisas são superabundantes e, de algum modo, borbulham. Há como um fluxo dessas coisas borbulhantes de vida, um fluxo que jorra de uma fonte única, mas, no entanto, não como se elas proviessem de um sopro ou de um calor únicos, mas antes como se houvesse uma certa qualidade única que possuiria e conservaria nela todas as qualidades, a da doçura, misturada a do perfume, e o gosto do vinho unido às virtudes de todos os sucos e às visões das cores e a tudo o que as sensações do toque ensinam a conhecer; se encontrariam ali também todas as sensações da audição, todas as melodias, todos os ritmos. (VI 7, 12, 22-30)

Nesse universo de Formas puras, onde cada coisa é somente ela mesma, há, no entanto, uma interpenetração total:

> Tudo é transparente; nada de obscuro, nem de resistente; cada coisa é visível para cada coisa até o interior, assim como todas as coisas, pois a luz é transparente para a luz; e, com efeito, cada coisa possui todas as coisas em si e vê também todas as coisas em cada outra, de modo que em todos os lugares estas coisas estão lá, cada uma é todas e todas são cada uma e o esplendor é sem limites. (V 8, 4, 4-8)

> Essa beleza resplandece sobre todas as coisas e ela preenche todos aqueles que estão lá, de modo que eles também se tornem belos, como frequentemente homens que subiram a altos lugares onde a terra tem uma coloração ocre são completamente coloridos por esta tonalidade, porque se tornaram semelhantes ao solo sobre o qual caminham. Mas lá a cor que corre na superfície de tudo é a Beleza, ou antes, é em totalidade, a partir das profundezas, que há cor e beleza. (V 8, 10, 26-30)

Qual é então a relação entre o mundo das Formas e o mundo sensível? Se o primeiro pode ser visto através do segundo, se a visão do espírito pode prolongar a visão do olho, é por haver continuidade entre os dois mundos, é porque são a mesma coisa, mas em dois níveis diferentes. Plotino insiste fortemente sobre essa continuidade: "Como este mundo aqui poderia existir se estivesse separado do mundo espiritual"?.[4]

Plotino se opõe vigorosamente ao antropomorfismo do *Timeu* de Platão, retomado, aliás, pelas seitas gnósticas. Para ele, o mundo sensível não é obra de um criador que o teria fabricado raciocinando e refletindo a respeito:

> Se admitimos que é de outro que o universo tem seu ser, e seu ser tal qual ele é, deveremos por isso crer que seu criador primeiro refletiu em si mesmo sobre a terra e pensou que ela devia se manter no centro, a seguir sobre a água, e a água sobre a terra, e todas as outras coisas em seu respectivo nível até o céu, a seguir todos os animais e, para eles, tais ou quais formas próprias para cada um, tantos quantos existem agora, e, para cada um entre eles, as entranhas no interior e as partes exteriores, e que a seguir, após ter posto em ordem em si mesmo todas essas coisas, ele se pôs a trabalho? Uma tal "reflexão" não é possível: de onde lhe teria vindo, pois ele não teria visto ainda as coisas que seriam objeto de sua reflexão? E, mesmo se ele houvesse recebido de um outro a visão dessas coisas, não seria possível que se pusesse a trabalho, como fazem agora os artesãos servindo-se das suas mãos e de seus instrumentos. Pois as mãos e os pés vêm bem depois. Ocorre então que tudo isso se encontrava em um Outro [o mundo espiritual]; e em virtude da proximidade[5] que existe no ser entre as realidades, umas em relação às outras, não há intermediário, é

---

[4] II 9, 16, 11.
[5] Duplo significado dessa ideia de "vizinhança": por um lado, não há intermediário entre o Um, o Intelecto e a Alma do Mundo, não há então lugar para um demiurgo que fabricaria o Corpo do Mundo, seja imitando o Modelo transcendente, seja inventando pelo raciocínio o sistema do Mundo; por outro, o Corpo do mundo aparece instantaneamente e sem intermediário, como aparece o calor na vizinhança do fogo.

instantaneamente, de algum modo, que um traço e uma imagem deste Outro apareceram...

Tu bem podes enunciar a razão pela qual a terra se encontra no centro do universo e a razão pela qual ela é esférica e pela qual a eclíptica é como é; mas, no Espírito divino, não é porque seria necessário que as coisas fossem assim que se decidiu, após deliberação, a fazê-las assim, mas porque as coisas são como são que estas coisas, também, estão bem. (V 8, 7, 1-15; 36-40)

Essa ideia é cara a Plotino:

Veja a arte que produz maravilhas com formas variadas nos mais humildes animais, até as próprias plantas: a beleza de seus frutos e também de sua folhagem, a generosa profusão das suas flores, em sua delicadeza e variedade. (III 2, 13, 22-25)

Esse belo ordenamento do Mundo é da ordem do Espírito: se realiza sem reflexão racional, mas de tal maneira que também, se alguém pudesse usar com perfeição a reflexão racional, ficaria estupefato de ver que tudo foi disposto de tal modo que esta reflexão não teria como fazer diferente. (III 2, 14, 1-4)

A visão do espírito prolongando e desenvolvendo a visão do olho nos faz entrever por trás do mundo material um mundo de Formas, o mundo material é apenas a "visibilidade" dessas Formas, ele se explica, então, por ela. Quanto a essas Formas, não podem ser explicadas, é inútil buscar sua razão, seu fim. Elas são para elas mesmas suas próprias razões: elas não são como são porque era necessário que fossem assim, mas é porque elas são o que são que elas devem ser assim. Se as Formas não podem ser explicadas, se elas têm em si mesmas sua própria razão, é precisamente porque elas estão vivas:

Analisando-se em si mesma cada Forma tomada em si mesma, encontrar-se-á no interior dessa Forma seu por quê. Pois o que é inerte e sem vida não tem absolutamente por quê, mas o que é Forma e pertence ao Espírito, de onde poderia receber seu por quê? E, dizendo-se que a Forma recebia seu porquê do Espírito, este porquê não estaria separado do ser da Forma, pois a Forma é precisamente idêntica ao Espírito. (VI 7, 2, 18-21)

O mundo das Formas é animado por uma Vida única, por um movimento contínuo que engendra as diferentes Formas. Ele é como um organismo único que encontra em si mesmo sua razão de ser e que se diferencia em partes viventes. As formas se complexificam e se subdividem da planta original nos diferentes tipos de plantas, do animal original nos diferentes tipos de animais. Cada Forma desenvolve tudo o que ela implica: a Forma humana exige a razão, mas também os pés e os dedos; a Forma do cavalo implica o casco, tal outra Forma animal implica chifres ou presas.[6] É que cada Forma se quer total e perfeita à sua maneira, segundo seu tema próprio. O mundo das Formas não realiza um programa, um plano que lhe seria transcendente. Pode-se dizer que ele se inventa a si mesmo, que ele põe a si mesmo. Ele é, como dizia Uexküll do organismo vivo, "uma melodia que canta a si própria".[7] Ele é uma sabedoria imediata

> que não é adquirida por raciocínios, porque ela está sempre lá e inteira, e a ela nenhuma das suas partes falta, o que a obrigaria a fazer buscas. (V 8, 4, 36-37) Esta sabedoria não é um conjunto de teoremas, mas, sendo simultaneamente toda inteira, ela é uma unidade... Colocar esta sabedoria como primeira, isso basta: não vindo de uma outra, ela não está em alguma outra coisa. (V 8, 5, 5-9)

Para fazer compreender sua intuição da vida das Formas, Plotino toma o exemplo dos hieróglifos:

---

[6] VI 7, 10, 1.
[7] Citado por F. J. J. Buytendijk e H. André, "La Valeur Biologique de l' 'Art Poétique' de Claudel", *Vues sur la Psychologie Animale*, por Hans André, F. J. J. Buytendijk. Paris, Vrin, 1930, p. 131: "E quando ele fala de 'notas que tocariam a si próprias estendendo os dedos de todos os lados', isso nos relembra a enérgica expressão de Uexküll: 'Todo organismo é uma melodia que canta a si próprio'". O barão J. von Uexküll (1864-1944), biólogo estoniano, professor em Hamburgo, fundou aí em 1926 um Instituto para a pesquisa sobre o meio ambiente.

Para as coisas que quiseram representar com sabedoria, os egípcios não se serviram de signos alfabéticos que se desenvolvem em discursos e em proposições, e que imitam os sons e a pronúncia, mas desenham imagens e as gravam nos templos – cada imagem sendo o signo de um objeto –, eles fizeram entender que, no mundo das Formas, não há discurso, pois cada imagem é uma ciência, uma sabedoria, um tema, tudo em um bloco coeso, e nem é uma reflexão, nem uma deliberação. (V 8, 6, 1-9)

Os hieróglifos, como os concebe Plotino, exprimem bem o que são as totalidades orgânicas: cada Forma é ela mesma "de um só golpe" e ela dá a si mesma imediatamente o seu sentido. As Formas plotinianas, poder-se-ia dizer, são hieróglifos que desenham a si mesmos.

Assim, a teoria platônica das Ideias se metamorfoseia em intuição do mistério da Vida. Talvez se diga que o mundo das Formas plotinianas é apenas o "interior" do mundo visível e que ele não dá conta da vida concreta ou materializada. É verdade que Plotino só nos propõe uma teoria da morfogênese espiritual, mas talvez seja verdade que toda vida é Espírito. Como quer que seja, ele teve o mérito incomparável de elaborar noções sem as quais é impossível constituir uma filosofia da Vida. É que ele ousou, como dizia Goethe, "acreditar na simplicidade".[8] A vida é para ele uma atividade formadora, simples e imediata, irredutível a todas as nossas análises, uma totalidade que está lá de um só golpe, interior a ela mesma, uma Forma que se forma a si mesma, um saber imediato, que atinge sem esforço sua perfeição.

É na fonte plotiniana que beberão os filósofos modernos da Vida. O que é o "fenômeno original" (*Urphänomen*) de Goethe[9]

---

[8] Goethe, Carta a Zeller de 19 de março de 1827, em francês no texto de Goethe; ele traduz a palavra "simplicidade" por *die Einfalt* e *das Einfache* e comenta a seguir: "É preciso acreditar em uma produtividade original" (Goethe, *Briefe*, t. IV, carta 1357, Munique, Beck, 1976, p. 220).

[9] Sobre essa noção, cf. G. Bianquis, *Études sur Goethe*. Paris, Les Belles Lettres, 1951, p. 45-80 ("*L'Urphänomen* dans l'œuvre de Goethe"). Ver *Conversations de Goethe avec Eckermann* [18 de fevereiro de 1829], trad. Chuzeville, Paris, Gallimard, 1988, p. 277-278.

senão a Forma tal como Plotino a concebe? E não é na meditação da filosofia plotiniana que Bergson bebeu sua concepção do Imediato, sua crítica do finalismo, seu sentido das "totalidades orgânicas"?[10]

Encontramos nessa trajetória plotiniana uma crítica da reflexão e da razão humana análoga à crítica da reflexão e da consciência que provocou a descoberta dos níveis do eu. Nos dois casos, a simplicidade da vida escapa aos domínios da razão. Vivendo no desdobramento, no cálculo, no projeto, a consciência humana crê que só se pode encontrar depois de se ter buscado, que só se pode construir reunindo peças, que só se pode obter um fim dominando os meios. Em toda parte, ela introduz uma mediação. A Vida, que encontra sem buscar, que inventa o todo antes das partes, que é ao mesmo tempo fim e meio, em uma palavra, que é imediata e simples, é então inapreensível pela reflexão. Para atingi-la, como para atingir nosso eu puro, será preciso deixar a reflexão em prol da contemplação.

\*\*\*

É que a própria vida, em todos os seus níveis, é contemplação. Paradoxo violento – mas quão plotiniano!

A própria Natureza, princípio da vida dos corpos, já é contemplação:

E se alguém lhe perguntasse por que ela produz, e se ela consentisse em dar atenção a quem a questiona e bem quisesse responder, ela diria: "Não era necessário me interrogar,[11] mas antes apreender intuitivamente, permanecendo em si mesmo silente, como eu mesma me silencio, e não tenho o hábito de falar. – Mas o que seria necessário compreender? – Que o que

---

[10] Sobre a filosofia bergsoniana da vida, cf. V. Jankélévitch, *Bergson*. Paris, Alcan, 1931 (nova edição reformulada, Paris, Presses Universitaires de France, 1959). Sobre Plotino e a filosofia da natureza, cf. P. Hadot, "L'Apport du Néoplatonisme à la Philosophie de la Nature em Occident", *Eranos-Jahrbuch*, t. 37, 1968, p. 91-131.

[11] Bergson colocou essas primeiras linhas da prosopopeia da Natureza como epígrafe à tradução inglesa dos *Dados Imediatos da Consciência*, publicada em 1910.

eu produzo, enquanto guardo silêncio,[12] é o que eu contemplo, um objeto de contemplação que é produzido por minha natureza, e que a mim, que fui eu mesma produzida por uma contemplação, convém que minha natureza seja amorosa da contemplação. E é isso que em mim contempla que produz o que eu contemplo, do mesmo modo que os geômetras desenham contemplando. Mas eu, eu não desenho, eu só contemplo, e as linhas dos corpos se realizam como se elas saíssem de mim". (III 8, 4, 1-10)

Essa prosopopeia nos explica como o mundo sensível manifesta visivelmente o mundo das Formas. A Natureza não tem mãos ou pincéis para fabricar os organismos que seriam a cópia das Formas. Se a natureza desenha esses organismos, será por uma arte imediata. Ela é como um pintor ao qual bastaria olhar seu modelo para que a imagem desse se desenhe na tela. *Natura pictrix!* Roger Caillois falou com entusiasmo da arte espontânea da Natureza que pinta as asas das borboletas.[13] Pensemos também no caráter puramente ostentatório que certos biólogos detectam nas estruturas da planta, onde revestimentos e ornamentos desempenham um papel primordial. Plotino ainda aqui se aproxima do mistério da Vida.

A Natureza contempla o que a Alma lhe faz ver do mundo das Formas. Mas a própria Alma contempla o mundo das Formas e o que ela comunica à Natureza é apenas o resultado natural dessa contemplação. Por certo, a alma abandona frequentemente a contemplação pelo raciocínio, pela busca e pela ação, mas é, em última instância, por amor à contemplação:

> Quando seu poder de contemplar se enfraquece, os homens vêm produzir a ação que é uma sombra da contemplação e da razão. Porque a contemplação não lhes é mais suficiente por causa da fraqueza de suas almas, eles não podem mais apreender suficientemente o objeto de sua contemplação, e, por causa disso, eles ficam insatisfeitos; então, porque desejam, contudo,

---

[12] Retomo a conjetura de S. T. Colleridge, *Biographia Literaria*, Londres, 1817 (nova ed. 1907), c. 12.

[13] R. Caillois, *Méduse et Cie*. Paris, Gallimard, 1960, p. 35-68.

ver esse objeto, eles se conduzem em direção à ação a fim de ver por seus olhos o que não podem mais ver pelo espírito. O que é certo é que, quando produzem, querem, eles também, ver e contemplar e perceber esse objeto. (III 8, 4, 31-39)

Pela contemplação, atingir-se-á então imediatamente o que os homens atingem a muito custo por um longo desvio, a visão da Beleza.

Essa beleza é aquela do mundo das Formas. Lá a contemplação é imediata. As Formas contemplam a si próprias. Nelas, a arte imediata que detectamos na natureza é levada à sua perfeição ideal: as Formas se formam contemplando-se e elas se contemplam posando. Elas são ao mesmo tempo modelo e resultado de si próprias, em um único ato espiritual. Uma só vida, um só pensamento corre nelas. Elas são uma só Forma que se contempla. Elas são o Pensamento divino, a Beleza em si da qual falava Diotima no *Banquete* de Platão;[14] elas são o Espírito:

> Certamente, porque o Espírito é belo, que ele é a mais bela de todas as coisas, na pura luz, "o brilho sem sombra"[15] onde está situado, reunindo em si a natureza de todos os seres – e o mundo daqui, em toda sua beleza, não passa da sombra e da imagem dele –, no esplendor total onde está situado, porque nele nada é privado de intelecto, de luz ou de medida, e porque ele vive uma vida feliz, aquele que o vir, que mergulhar nele, como convém, e se tornar um com ele, será preenchido por um profundo estupor. (III 8, 11, 26-33)

Mas, para unir-se ao pensamento divino no seio do qual as Formas se contemplam, é preciso que a alma não contemple mais este mundo das Formas como uma realidade exterior, é preciso que ela o experimente em si mesma, elevando-se ao nível da contemplação pura que é própria ao Pensamento divino, é preciso que, pelo cimo de si mesma, coincida com essa visão imediata de si:

---

[14] Platão, *Banquete*, 211 e.
[15] Platão, *Fedro*, 250 c 4.

Se alguém comparasse o Espírito [com o qual o mundo das Formas se identifica] a uma esfera viva, de uma vida múltipla e variegada ou a uma realidade que só seria feita de faces e que resplandeceria com essas faces vivas... ao representá-lo assim, ver-se-ia de algum modo de fora, como um olha o outro. Mas de fato é preciso, tornado a si próprio Espírito, fazer de si próprio visão. (VI 7, 15, 24-32)

Não há mais distinção entre percepção exterior e percepção interior. Ultrapassou-se o nível da reflexão e da percepção para atingir o da intuição e da contemplação. Constata-se então que a Vida é contemplação imediata de si. Veem-se nascer as coisas a partir desse olhar total pelo qual o Belo aparece para si mesmo como olhar. Se "é" no Espírito divino, no Pensamento, no Intelecto que se pensa a si mesmo:

Vendo os seres [isto é, as Formas], o Espírito vê a si mesmo; seu olhar se torna realidade e ele mesmo é essa realização. Pois o pensante e seu ato de pensar são o mesmo. Ele vê a si próprio todo inteiro por si próprio todo inteiro... Enquanto estávamos no alto da própria natureza do Espírito divino, estávamos satisfeitos e nos contentávamos em pensar e, reunindo todas as coisas na unidade, estávamos na contemplação. Era o próprio Espírito que pensava e que falava de si mesmo [no nosso lugar]; a alma estava em repouso, deixando lugar para a ação do Espírito. Mas agora que caímos aqui, buscamos novamente fazer nascer uma certa persuasão na alma, gostaríamos de ver o modelo na sua imagem. (V 3, 6, 5-8; 12-18)

\*\*\*

Graças a essa experiência, saber-se-á que, porquanto todas as coisas resultam imediatamente dele, o Belo está presente, tanto no mundo sensível quanto na nossa alma. Aos gnósticos que desprezam o mundo, Plotino pode objetar:

Deus deve estar presente em todos os seres e estará então em nosso mundo, de qualquer maneira que possamos conceber essa presença; o mundo participa então de Deus. Mas, se

Deus estivesse ausente do mundo, não estaria mais em vocês e vocês não poderiam nada dizer dele nem dos seres que vêm depois dele. (II 9, 16, 24-27)

No contato com a presença divina, não há mais oposição entre o mundo exterior e o mundo interior. É o mesmo mundo das Formas, o mesmo Pensamento divino, a mesma Beleza, onde tudo comunga em uma mesma vida espiritual, que se descobre em si e fora de si.

Amélio, um dos discípulos de Plotino, era, conta-nos Porfírio, muito devoto:

> Ele gostava de oferecer sacrifícios e fazia a ronda dos templos na lua nova e nos festejos. Um dia, pediu a Plotino que fosse consigo e ele respondeu: "São os deuses que devem vir a mim, e não eu a eles". Em que sentido ele pronunciou essas palavras tão altivas, não pudemos compreender e não ousamos interrogá-lo. (V. P. X, 33-38)

O pequeno grupo de discípulos parece consternado por essa palavra de desprezo em relação aos cultos tradicionais. Mas como não reconhecer nisso o sentido plotiniano da presença divina? Para encontrar Deus, não é necessário dirigir-se aos templos onde ele habitaria. Não é preciso se deslocar para atingir sua presença. Mas deve-se transformar a si mesmo em um templo vivo no qual a presença divina poderá se manifestar.

E Deus não está somente em nós. Ele está também no mundo. A última palavra de Plotino fará ainda alusão a essas duas formas da presença divina. A seu discípulo Eustóquio, assistindo a seus últimos instantes, dirá: "Esforço-me para fazer ascender o que há de divino em mim àquilo que há de divino no universo" (V. P. II, 25).

O que quer dizer: esforço-me para morrer, esforço-me para libertar minha alma. A Vida que está em mim se unirá novamente à Vida universal. Não haverá mais entre elas a barreira do corpo e da individualidade.

\*\*\*

Deus é então presença total, isto é, tanto a presença de nosso eu a si mesmo quanto a dos seres uns aos outros:

> São também as outras coisas, e não somente nós mesmos, que somos as coisas do alto; nós somos então todas as coisas do alto. É quando estamos em unidade com todas as outras coisas que nós somos com elas as coisas do alto. Nós somos então Tudo e Um. Mas, olhando em direção ao exterior, na direção oposta àquela da origem à qual estamos suspensos, ignoramos que nós somos um, como faces voltadas para o exterior, que, no interior, se ligariam a um topo único. Mas, se alguém pudesse se volver, seja espontaneamente, seja porque tivesse a sorte de seus cabelos serem puxados por Atena,[16] veria Deus e a si mesmo e o Todo. (VI 5, 7, 6-13)

Com essa experiência da presença total, tocamos o ponto mais profundo da experiência plotiniana da Vida. A Vida é presença total, porque ela é uma força simples e infinita que se difunde em uma continuidade dinâmica. Plotino compreende a Vida, do interior, como um movimento puro, que está em toda parte, sem parar em nenhum lugar, que está "já aí", antes de todas as formas particulares que ele engendra sem parar nelas:

> Como a Natureza Primeira [isto é, o Espírito divino contendo o mundo das Formas] está presente em todas as coisas? Como uma Vida única. Pois, em um ser vivo, a Vida não para em um ponto além do qual ela não seria mais capaz de se estender ao todo, mas ela está em toda parte. Se queres compreender a infinitude que jorra eternamente nela, sua natureza infatigável, inexaurível, que não falha nunca, que, de algum modo, borbulha vida nela mesma, se então tu concentras tua atenção em um lugar ou se tu fixas teu olhar em um ponto, tu não a encontrarás nesse lugar. Antes, é o contrário que te acontecerá. (VI 5, 12, 1-11)

---

[16] Como Aquiles na *Ilíada*, I, 197. Falando das faces voltadas para diferentes direções, mas reunidas pelo topo da cabeça, Plotino parece pensar nas estátuas de Hermes de muitas cabeças.

É que o movimento da Vida e sua presença total não podem se fixar em um ponto, qualquer que seja ele. Tão longe se vá em direção ao infinitamente grande ou em direção ao infinitamente pequeno, seu movimento nos ultrapassará sempre, pois estamos nesse movimento. Quanto mais buscamos a vida, menos a encontramos. Mas, se renunciamos a buscá-la, então descobrimos que ela já estava aqui, porque ela é pura presença; tudo o que concebemos ou percebemos de distinto nos afasta dela:

> Ou, tendo te tornado capaz de correr com ela, melhor ainda, tendo tu mesmo chegado ao Todo, tu não buscarás mais nada; ou, renunciando a ela, dela te separarás indo em direção a outra coisa e tu recairás, não vendo mais aquilo que te é presente, porque tu olhas em direção a outra coisa. Mas, se tu estás no caso do "tu não buscarás mais nada", como a experimentarás? Não é preciso dizer que tu acedeste ao Todo e que tu não permaneceste em uma das suas partes, e que tu não dizes mais de ti mesmo: "Até aqui, sou eu".[17] Rejeitando a "determinação", te tornaste Todo. E, no entanto, já antes eras Todo, mas porque precisamente algo se acrescentou a ti além do Todo, tu te tornaste menor que o Todo por essa mesma adição. Pois essa adição não era adição pertencente à ordem do Todo (o que se acrescentaria, com efeito, ao que é Todo?), mas adição que era adição de não-ser.[18] Tornado "alguém"[19] e precisamente por uma adição de não ser, não se é mais o Todo, exceto rejeitando-se o não ser. Tu te engrandeces então rejeitando tudo o que é diferente do Todo e, se rejeitas isso, o Todo te será presente. Mas, se ele te é presente quando rejeitas isso, e se ele não te aparece quando ficas com as coisas particulares,[20] é porque o Todo não tem necessidade de vir para ser presente: se ele não

---

[17] Literalmente: "Sou de tal grandeza determinada", mas cf., para o sentido exato, VI 5, 7, 15.

[18] O axioma de Spinoza (Carta a J. Jelles, em Spinoza, *Œuvres Complètes*. Paris, Gallimard, 1954, p. 1287, Bibliothèque de la Pléiade) "*Omnis determinatio negatio est*" é completamente válido no universo plotiniano.

[19] Ver também Plotino, V 8, 7, 32-33.

[20] Cf. São João da Cruz, *Œuvres Complètes*. Paris, Éditions du Cerf, 1990, p. 628 (*Montée du Carmel*, I, 13): "Quando parais em algo, parais de vos jogar no Todo".

está presente, foi então tu que te distanciaste dele. E, se te distanciaste, não é dele que te distancias então – pois ele é sempre presente[21] –, mas, enquanto ele está presente, tu te viraste na direção oposta. (VI 5, 12, 13-29)

A Vida é uma presença que nos precede sempre. Ela é preexistência; ela já está sempre aqui. Como se exprimiria melhor isso senão repetindo o famoso pensamento de Pascal: "Tu não me buscarias se não me tivesses encontrado".[22]

---

[21] Ver também Plotino, *Traité 9* (VI 9), 8, 34-46, p. 102-103 Hadot.

[22] *Pensamentos*, ed. Brunschvicg, Classiques Hachette, § 553 (*Pensamentos*, 2. ed., trad. S. Milliet. São Paulo, Abril Cultural, 1979 (N. T.)). Encontra-se frequentemente a lembrança dessa página de Plotino em Santo Agostinho, por exemplo, *Confissões*, X, 27, 38: "Estavas comigo, mas eu, eu não estava Contigo". Pode-se perguntar se a célebre fórmula de Pascal não é, por intermédio de Santo Agostinho, um eco distante das fórmulas plotinianas, cf. Plotino, *Traité 50*, p. 81 Hadot.

# 4. Amor

*"Para aqueles que ignoram este estado, que imaginem, conforme os amores daqui, o que deve ser o encontro com o ser mais amado."*
(VI 9, 9, 39)

O pensamento plotiniano, é sabido, admite dois níveis no âmago da realidade divina. Ele mostra, por um raciocínio filosófico, que, se o mundo das Formas é idêntico ao Pensamento que pensa a si próprio eternamente, esse pensamento, no entanto, não pode ser o princípio de todas as coisas, como acreditara Aristóteles. Com efeito, pensando a si próprio, ele está submetido à divisão entre o sujeito e o objeto. Sua unidade comporta então uma dualidade. Aliás, se ele é o mundo das Formas, tem em si uma multiplicidade e uma variedade que o impedem de ser a unidade primeira. Além dele, é, portanto, preciso supor uma Unidade absoluta, um princípio que é de tal modo Um que não se pense.

Isso é apenas um raciocínio e esse raciocínio, que permanece sempre no plano da consciência e da reflexão, não nos faz conhecer verdadeiramente os níveis da realidade divina que ele distingue. É apenas um exercício preliminar, um sustentáculo, um trampolim. Para Plotino, o conhecimento é sempre experiência, mais ainda, metamorfose interior. Não se trata de saber racionalmente que há dois níveis na realidade divina, mas é preciso elevar-se interiormente até esses níveis e os experimentar em si, em dois tons diferentes da vida espiritual.

O mundo das Formas, interior ao Pensamento divino, já era percebido, como dissemos, de uma maneira mística, como um fato puro, que só pode ser contemplado. E essa contemplação era uma experiência interior, era um nível do eu, no qual se chegava a coincidir com a contemplação de si mesmo que era própria ao Pensamento divino.

Mas agora, retornando ao plano da reflexão, lembrando-se da contemplação amorosa na qual, fascinado pela presença da Vida e do Pensamento divinos, ele de algum modo perdeu-se a si próprio, Plotino descobrirá, no âmago da experiência que acaba de ser descrita, o traço de uma experiência mais profunda, mais intensa, mais emocionante, mas ainda inconsciente: a do amor. E dela reconhecendo em si o traço, ele pressentirá a existência de algo de que a Inteligência (isto é, a Vida e o Pensamento divinos) é apenas a manifestação.

O espetáculo da Vida divina que se move no mundo das Formas nos inflama de amor. Mas por que somos tomados de amor? O que é o amor? Um objeto qualquer, por mais belo que seja, pode bastar para explicar o amor? De fato, no menor amor, há o pressentimento do infinito, do que ultrapassa toda forma, isto é, do Bem absoluto:

> É disso que testemunha a impressão que os amantes experimentam. Enquanto essa impressão se encontra em alguém que para na forma (*tupos*) sensível, esse ainda não experimenta o amor. Mas quando, a partir dessa forma sensível, ele próprio produz em si mesmo uma forma não sensível na parte indivisível da sua alma, então nasce o amor. E, se o amante deseja ver o objeto amado, é somente a fim de regar essa forma não sensível que seca. Mas, se ele tomasse consciência do fato de que é sempre preciso ir além, em direção ao que é mais "sem forma", ele desejaria o próprio Bem. Pois o que ele sentiu desde o início foi, a partir de uma tênue luminosidade, o amor desta imensa luz. (VI 7, 33, 22-29)

Se amamos, é porque algo de indefinível se acrescenta à beleza: um movimento, uma vida, um brilho que torna desejável e sem os quais a beleza permanece fria e inerte:

> Mesmo aqui, a beleza se encontra menos na própria simetria do que na luz que brilha na simetria. E é isso que dá o charme. Por que, com efeito, é em um rosto vivo que resplandece, no mais alto ponto, o esplendor da beleza, ao passo que, em um rosto morto, não se vê nada além do vestígio, mesmo se este rosto ainda não está destruído na sua carne e na sua simetria?... E um homem feio, se está vivo, não é mais belo do que um homem, por certo belo, mas representado em uma estátua? (VI 7, 22, 24-32)

O mundo das Formas não poderia por si próprio inflamar nosso amor, se ele não recebesse de outro lugar a vida que o anima. A alma permaneceria então insensível às belas proporções que contemplaria:

> Se a alma permanece no nível do Espírito ela vê, por certo, objetos de contemplação belos e veneráveis, mas ela não tem ainda inteiramente o que ela busca. Com efeito, é como se ela se aproximasse de um rosto, belo sem dúvida, mas ainda incapaz de alegrar os olhares, porque nele não resplandece a graça cintilante da beleza. (VI 7, 22, 21-24)

A palavra é pronunciada: este não sei o quê, este movimento, esta vida que se acrescentam à beleza para provocar o amor, isso é a graça. A experiência plotiniana experimentara a Vida como uma contemplação, como uma simplicidade concreta, como uma presença. Ela a apreende então a fundo: a Vida é graça.

Ninguém melhor que F. Ravaisson, em seu *Testamento Filosófico*, compreendeu todo o alcance dessa experiência plotiniana. A graça, diz ele, é "eurritmia", isto é, "movimento que faz bem". Nós a reconhecemos nos movimentos que exprimem o abandono, a condescendência, a descontração. Os pintores buscam apreendê-la nos "ares" da cabeça, no sorriso feminino. Mas pode-se também pressenti-la nesses movimentos fundamentais da natureza viva que são o batimento e a ondulação: "Observe, diz Leonardo da Vinci, 'o serpentear[1] de cada coisa', isto é, observe em cada coisa, se queres conhecê-la bem e representá-la bem, a espécie de graça que lhe é própria".[2]

Para Plotino, se as coisas não fossem o que são – na sua natureza, na sua essência, na sua estrutura –, elas não seriam amáveis. Dito de outro modo, o amor é sempre superior ao seu objeto, por mais alto que seja. Seu objeto nunca pode explicá-lo ou justificá-lo. Há no amor um "mais"; há nele algo injustificado. E o que, nas coisas, corresponde a esse mais é a graça, é a Vida no seu mistério mais profundo. As Formas, as estruturas podem ser justificadas. Mas a Vida, mas a graça são injustificáveis. Elas são "a mais" e o todo é esse excedente gratuito. Plotino reconhece aí "o traço do Bem":

> Cada forma, por si mesma, é somente o que é. Mas ela torna-se objeto de desejo, quando o Bem a colore, dando-lhe de algum modo a graça e nela infundindo o Amor por aqueles que a desejam. (VI 7, 22, 5-7)

O que Plotino chama de Bem é, então, ao mesmo tempo, o que, dando a graça, faz nascer o amor, e que, despertando o amor, faz aparecer a graça. O Bem é o que todos os seres desejam, ele é o absolutamente desejável. O amor e a graça são, como dizíamos, injustificados, porque o próprio Bem é absolutamente injustificado: não que ele seja um acaso ou um acidente, mas, pelo milagre da sua simples presença sempre já presente, que Plotino, no tratado VI 8, descreve metaforicamente como um querer de si, ele abre no Ser e nos seres a possibilidade de um desejo e de um amor infinitos. Todas essas fórmulas são,

---

[1] Cf. *The Notebooks of Leonardo da Vinci*, ed. J. P. Richter, Londres, 1883, vol. I, p. 28, § 48. Esta referência foi-me comunicada por M. Louis Frank. Sobre esse tema (e, de maneira mais geral, sobre Ravaisson, 1813-1900), cf. D. Janicaud, *Une Généalogie du Spiritualisme Français*. La Haye, Nijhoff, 1969, p. 53-56 e p. 11, n. 1.

[2] F. Ravaisson, *Testament Philosophique et Fragments*, ed. Ch. Devivaise. Paris, Boivin, 1933; nova ed., Paris, Vrin, 1983, p. 81 (alusão explícita a Plotino), 83 e 133.

aliás, incapazes de traduzir o que a alma experimenta quando tem a experiência da união amorosa com o Bem.

Ravaisson reproduz exatamente essa trajetória do pensamento plotiniano. Se o movimento gracioso é o movimento de abandono, é porque ele revela a natureza do princípio criador. A Vida é graça porque Deus é graça. A graça das coisas provém da bondade divina: "Deus torna-se sensível ao coração na graça".[3]

O equívoco aqui é essencial, como viu Bergson:

> Para aquele que contempla o universo com olhos de artista, é a graça que se lê através da beleza, e é a bondade que transparece sob a graça. Toda coisa manifesta no movimento que sua forma registra a generosidade infinita de um princípio que se dá. E não é por engano que se chama pelo mesmo nome o charme que se vê no movimento e o ato de liberalidade que é característico da bondade divina: os dois sentidos da palavra *graça* compõem apenas um para M. Ravaisson.[4]

Para Plotino também, acrescentemos, eles são apenas um. Para ele, também "é a graça que se lê através da beleza, e é a bondade que transparece sob a graça". Pois, se estamos cheios de amor pela beleza do Espírito e do mundo das Formas, é porque vemos cintilar sobre ela a luz do Bem, que lhe dá a graça: pressentimos assim que, se nos elevamos em direção à Beleza, é finalmente em virtude do élan infinito que nos leva em direção ao Bem. Pressentimos no Espírito e nas Formas a "semelhança com o Bem".[5] A graça é, ao mesmo tempo, esse "mais", esse inexplicável "injustificado", que se acrescenta à Beleza para provocar o amor, e essa disponibilidade, essa presença sempre já presente, que é própria do Bem, o qual Plotino não hesita em dizer que é "pleno de

---

[3] Ravaisson, *Testament*, op. cit., p. 83. Reconheceremos evidentemente em "Deus sensível ao coração" uma alusão a Pascal, *Pensamentos*, § 225 Brunschvicg.

[4] H. Bergson, *O Pensamento e o Movente*, p. 280.

[5] Cf. Plotino, *Traité 38*, p. 37-43 e 126.

doçura, de benevolência e de delicadeza, sempre à disposição de quem o deseja".[6] A graça, nesses dois sentidos, é finalmente só a atração que a presença do Bem exerce sobre nós e que nos abre a possibilidade do amor.

Aliás, se a alma, quando tem a experiência do amor do Bem, tem a impressão de reencontrar uma gratuidade absoluta e uma sorte sempre inesperada, ou de depender de uma iniciativa que a ultrapassa, é porque ela não domina essa experiência. Ela tem a impressão de que o Bem vem subitamente a ela e que se distancia dela, subitamente também. Mas, de fato, como Plotino se apraz em dizer frequentemente, o Bem já está sempre presente, ele não precisa vir a nós, pois está sempre aí – é precisamente isso a graça: essa previdência e essa disponibilidade –, mas nós é que não somos capazes de estar sempre presentes a ele e de ser conscientes da relação que temos com ele. Dito de outro modo, em certo sentido, a ideia de gratuidade está ligada à nossa fraqueza, à nossa condição de seres corpóreos.

\*\*\*

A experiência do amor! É inicialmente a impressão de um élan infinito:

> É somente quando a alma recebe em si o "eflúvio" que vem do Bem que ela se emociona: então ela é tomada de um transporte báquico e preenchida de desejos que a aguilhoam. É então que nasce o amor. Antes ela não experimenta nenhuma emoção que a atraia em direção ao Espírito, ainda que esse seja belo. Pois a beleza do Espírito permanece inerte e sem efeito, enquanto não recebeu a luz do Bem... Mas, quando chegou até a alma, de algum modo, o "calor" que vem do Bem, ela ganha força, desperta, torna-se verdadeiramente alada, e, ainda que seja transportada pela paixão pelo que se encontra atualmente perto dela, ela, não obstante, se eleva, leve, conduzida pela "lembrança". E, enquanto houver algo além do objeto que está atualmente próximo dela, a alma é levada para o alto,

---

[6] Plotino, V 5, 12, 33.

levada pelo que lhe dá o Amor. E ela se eleva acima do Espírito, mas ela não pode correr para além do Bem, pois não há nada acima dele. (VI 7, 22, 8-21)

Os leitores de Platão terão aqui reconhecido imagens tomadas emprestadas da descrição que ele faz, no *Banquete* e no *Fedro*, da emoção amorosa que leva a alma em direção ao Belo em si quando ela é tomada de amor pela beleza sensível de um ser que ela ama.[7] Mas, se Plotino retoma os mesmos termos de Platão, ele não confere absolutamente a eles o mesmo conteúdo psicológico.

A relação amorosa da qual Platão fala é aquela que na Grécia clássica podia se estabelecer entre um mestre e seu discípulo. O amor platônico é um amor masculino. O amado é um jovem, o amante, o filósofo, um homem maduro. O amor do amante pelo amado é provocado, diz-nos Platão, pelo reflexo da Beleza absoluta que o amante percebe no amado. A alma então se relembra do mundo das Formas e ela se esforça para contemplar diretamente, face a face, e não mais em um reflexo, a Forma pura da beleza em si mesma. O amor platônico parte então de uma emoção sensível muito perturbadora. Mas, por uma disciplina ao mesmo tempo intelectual e moral, ele se esforça por alcançar a visão da Forma pura. Nesse momento, a relação amorosa do amante ao amado não é destruída, mas sublimada. O amante ama sempre ainda o amado, mas para dirigi-lo, para elevá-lo, por seu turno, para a contemplação do Belo, para gerar nele as belas virtudes e as belas ideias. Tornado espiritual, o amor pelo discípulo ganha, então, o que lhe teria faltado se permanecesse carnal: a fecundidade. Para o amante verdadeiramente filósofo, a fecundidade espiritual vem completar a felicidade da contemplação da Beleza. Há aí, pode-se dizer, uma relação triangular que une o amante-filósofo, o amado que

---

[7] Indiquei, entre aspas, os termos que provêm do *Fedro* de Platão (251 b 2-5). A lembrança dessa passagem do *Fedro* aparecerá também na evocação do "objeto que está atualmente próximo da alma". No *Fedro*, trata-se do amado; em Plotino, se o ponto de partida da experiência pode ser o amor humano, ele também pode ser o amor de um objeto espiritual, mas inferior, ciência ou virtude, por exemplo, encontrado pela alma na sua ascensão.

provocou nele a reminiscência, e a beleza transcendente, cuja atração se exerceu sobre o amante, por intermédio do amado.

Para Plotino, a relação entre o amor humano e o amor do Bem é muito mais complexa. Com efeito, ele distingue três vias[8] que permitem elevar-se do mundo sensível ao mundo transcendente, as quais correspondem a três tipos de homens: o inspirado pelas Musas, o amante, o filósofo. O primeiro sente por natureza a beleza que existe nas sonoridades e nos ritmos. É preciso então fazê-lo descobrir que a harmonia sensível se fundamenta em uma harmonia inteligível, que corresponde, finalmente, à beleza espiritual. O amante é atraído pela beleza dos corpos porque ele tem uma lembrança inconsciente da beleza ideal. É preciso então fazê-lo tomar consciência do fato de que aquilo que o atrai no objeto amado é a beleza transcendente da qual a beleza do objeto amado é apenas o reflexo. Quanto àquele que tem uma natureza de filósofo, que é filósofo nato, ele já está por natureza separado do mundo sensível e não tem necessidade de passar pelo intermediário que é o amor humano. É preciso somente guiá-lo nas ciências e nas virtudes para permitir-lhe continuar, pela dialética, a subida em direção ao Bem.

Vê-se então que, para Plotino, o amor dos corpos é apenas uma das vias possíveis da ascensão. Eis aqui uma primeira diferença entre Plotino e Platão, pois, para o último, o amor da beleza dos corpos é o meio privilegiado e indispensável da experiência filosófica: só a visão amorosa de um belo corpo permite à alma lembrar-se da Beleza transcendente. Aliás, segunda diferença: Platão fala somente de um amor homossexual, ao passo que Plotino especifica bem que o amor conjugal pode também conduzir à reminiscência e à descoberta da Beleza transcendente.[9] É preciso reconhecer, a esse propósito, que o clima psicológico da escola de Plotino é bem diferente daquele da Academia platônica. Plotino não vive em um meio exclusivamente masculino e é hostil à prática da homossexualidade. Porfírio, seu biógrafo, especifica bem

---

[8] Cf. I 3, 1, 1-3, 10.
[9] Cf. Plotino, *Traité 50*, p. 26-40 e 99-106 Hadot.

que "havia em torno dele mulheres que eram muito ligadas à filosofia",[10] notadamente Gêmina, em cuja casa ele residia, sua filha Gêmina e certa Anficleia. E ele conta[11] também que, um dia, certo orador, Diófanes, fizera uma conferência pública na qual sustentava, a respeito do *Banquete* de Platão, que o discípulo, para aprender a virtude, deveria se dispor aos desejos sexuais de seu mestre. Plotino queria se levantar e deixar a sala; mas deteve-se e encarregou Porfírio de escrever uma refutação. Ficou tão contente com ela que não parava de repetir a respeito de Porfírio o dito homérico: "Atire assim tuas flechas e te tornarás uma luz para os homens".[12]

Mas, aos olhos de Plotino, a via que se eleva do amor humano ao amor transcendente é completamente inútil para aquele que é predisposto para a filosofia e, com mais forte razão, para aquele que já alcançou o mundo espiritual. Poder-se-ia dizer que, para o verdadeiro filósofo, o amor é, de pronto, místico. Quando Plotino retoma o vocabulário erótico do *Fedro*, não é mais, como o fazia Platão, para descrever o amor humano e sua sublimação, mas para exprimir imediatamente, em uma linguagem imagética, uma experiência mística. A experiência do amor humano não é mais um ponto de partida, o ponto de partida de uma ascensão, mas um termo de comparação, que permite falar da experiência mística inefável: "Para aqueles que ignoram esse estado, que imaginem, conforme os amores daqui, o que deve ser o encontro com o ser mais amado".[13] Pois o amor humano é apenas um reflexo do verdadeiro amor, aquele que o Bem infunde na alma, e o amor humano desaparece com o aparecimento do amor do Bem:

---

[10] V. P. IX, 1. É tentador supor, com H. D. Saffrey ("Pourquoi Porphyre a-t-il édité Plotin?", Porfírio, *Vie de Plotin*, t. II, p. 32), que Gêmina era Afinia M. F. Gêmina Bebiana, a mulher do futuro imperador Treboniano (anos do reinado: 251-253). Mas ela parece ter morrido antes de 251, data da elevação de Treboniano ao império (*Prosopographia Imperii Romani*, por E. Groag, Berlin-Leipzig, 1933, A 439). Sua filha parece que não se chamava Gêmina (V. P. IX, 1-2), mas Víbia Gala. Ela então só teria podido conhecer os primeiros anos de ensino de Plotino (de 244 a 251).

[11] V. P. XV, 6.

[12] *Ilíada*, VIII, 282.

[13] VI 9, 9, 39.

A alma ama o Bem porque, desde a origem, ela foi incitada por Ele a amá-lo. E a alma que tem esse amor à sua disposição *não espera que as belezas daqui a façam se relembrar*, mas, tendo em si mesma o amor, mesmo se ela ignora que o tem, ela busca sempre e, porque quer se elevar para o Bem, ela despreza as coisas daqui; vendo as belas coisas que estão no universo sensível, ela não tem confiança nelas, porque vê que elas estão nas carnes, nos corpos, que estão sujas pelo lugar onde residem atualmente... E, quando ela vê que as belas coisas daqui passam fluindo, então, doravante, ela sabe de maneira definitiva que essas belezas recebem, aliás, o que cintila sobre elas. Depois disso, a alma eleva-se para lá, pois ela é infatigável quando se trata de descobrir o objeto que ama e não renuncia antes de tê-Lo apreendido, a menos que talvez alguém lhe arranque seu amor. (VI 7, 31, 17-31)

Dom do Bem, o amor plotiniano é imediatamente amor do Bem: é, na alma, a irrupção de uma presença que não deixa mais lugar para outra coisa além de si mesma. A alma é transportada, ela se move; mas esse movimento não é mais uma ascensão para um ponto no qual o amor teria fim. O amor plotiniano sempre se move para ir mais longe. Na sua busca infinita, ele ultrapassaria o Bem se pudesse. E, se ele para no Bem, não é porque esse seja um ponto final, mas o absoluto. Desde a partida, o amado era o Bem. Ele permanecerá sendo, na experiência de união.

Plotino utiliza Platão, como os místicos cristãos utilizarão o *Cântico dos Cânticos*. O *Banquete*, como o *Cântico*, torna-se objeto de uma interpretação alegórica: o vocabulário do amor carnal serve para exprimir uma experiência mística. A alma plotiniana seria, aliás, mais bem figurada pela esposa do *Cântico* do que pelo Sócrates do *Banquete*. As figuras femininas da alma são, com efeito, as mais caras a Plotino: ela é Psique, ela é Afrodite; ela é uma virgem que um noivo impetuoso vem arrancar da casa paterna.[14]

---

[14] Psique e Afrodite, cf. Plotino, *Traité* 9, p. 34-36 (e, para o texto, p. 106); a virgem arrancada da casa paterna, cf. ibidem, p. 36 (e, para o texto, p. 106). Ver também V 5, 12, 37.

Dir-se-á – com razão – que não é necessário enganar-se com a linguagem dos místicos. Eles também têm seus lugares-comuns e suas imagens tradicionais; em uma palavra, sua retórica. E as núpcias espirituais entre Deus e a alma eram precisamente, ao menos desde Filo,[15] um desses temas convencionais. O próprio Platão,[16] que fala de fecundidade, de gravidez, de parto espirituais, podia ter proporcionado o desenvolvimento dessas metáforas.

Mas a experiência autêntica confere à linguagem um tom que não engana. E a experiência se realiza sempre em certa atitude, em certa perspectiva interior. O amor platônico tem tonalidade masculina: é inquieto, possessivo, impaciente por ação, ávido por descendência. É intimamente ligado à educação, à pedagogia, à organização da cidade. Ao contrário, porque ele é antes de tudo místico, o amor plotiniano tem tonalidade feminina. A alma "busca", "corre", "salta", como a esposa do *Cântico* que busca o Bem-Amado. Mas ela também "espera", como as grandes místicas Matilde, Teresa de Ávila, Rosa de Lima, de quem fala Rilke, que, diz ele, "não esperavam nada além do caminho infinito".[17] Assim, a alma se lança e, ao mesmo tempo, espera, "como o olho espera o nascer do sol",[18] ela espera que se manifeste a Presença. Enquanto o amor platônico se eleva por uma série de operações intelectuais até a contemplação do Belo, o amor plotiniano espera o êxtase cessando toda atividade, assentando as potências da alma em um repouso total, esquecendo tudo, a fim de estar inteiramente disponível para a invasão divina. O mais alto estado da alma é a passividade total. E esse estado busca manter-se. O amor platônico, uma vez que tocou o Belo, desenvolve sua fecundidade em pensamentos

---

[15] Filo de Alexandria (aproximadamente 30 a.C. - 4 d.C.), filósofo judeu do período helenístico. Sobre as núpcias espirituais em Filo, cf. A.-J. Festugière, *La Révélation d'Hermès Trismégiste*, t. II, Paris, Gabalda, 1949, p. 547-550. Porfírio (cf. à frente, p.102) escrevera um poema intitulado *O Casamento Sagrado*.

[16] Platão, *Banquete*, 208-212.

[17] R. M. Rilke, *Les Cahiers de Malte Laudris Brigge*. Paris, Gallimard, 1991, p. 245, Folio Essais.

[18] V 5, 8, 6.

e em ações múltiplas; ele produz a ciência, a educação, a organização da cidade. O amor plotiniano recusa-se a retornar à ação cotidiana: só as exigências da condição humana o fazem recair. A alma é como uma virgem que quer permanecer na casa do Pai.[19] Ela é a amante que só encontra repouso com o Bem-Amado. Ela é indiferente a tudo o que não é o único necessário. Ela não deseja sequer contar aos outros o que viu:

> E em um não saber de todas as coisas... e em um não saber de si mesmo, é preciso ficar possuído por Ele na visão e, tendo-se unido a Ele, tendo de algum modo tido suficientemente contato com Ele, é preciso vir anunciar aos outros, se é que isso é possível, o contato tido lá... a menos que, estimando-se as ocupações políticas indignas de si, prefira-se sempre permanecer lá, e esse seria o que poderia ser o estado "daquele que muito viu".[20] (VI 9, 7, 21-23; 26-27)

Plotino, da sua parte, não hesita em falar aos outros dessa união. A bem dizer, as páginas "místicas" na obra considerável de Plotino não são tão frequentes quanto se poderia esperar. Seus escritos exploram, com efeito, todos os problemas que a reflexão sobre os escritos de Platão pode colocar. De algum modo, são "questões platônicas". Mas, frequentemente, culminam no convite a renunciar ao discurso e a ter a experiência da Presença sempre já presente. Descrevendo então um estado de passividade, ele convida os outros a realizarem em si essa mesma passividade.

\*

A fim de se preparar para a vinda do Bem, é preciso então que a alma deixe toda atividade interior, toda representação distinta, toda vontade própria, toda posse particular. Porque o próprio Bem é sem forma.

> Não nos surpreenderemos que esteja totalmente liberto de toda forma, mesmo espiritual, o objeto que provoca tão

---

[19] V 5, 12, 37.
[20] Cf. Platão, *Fedro*, 248 d 2.

"ardentes desejos":[21] pois, quando a alma sente por Ele um amor apaixonado, ela também se despoja de todas as formas, até da forma espiritual que poderia estar nela. Pois não é possível àquele que tem consigo algo outro que Ele e se ocupa disso vê-Lo e concordar com Ele. Mas é preciso que a alma não tenha nada mais presente ao espírito, nem algo de mau, nem mesmo algo de bom, a fim de recebê-lo, Ele só, ela só. (VI 7, 34, 1-8 e cf. VI 9, 7, 14)

Não tendo mais nada, despojada de toda forma, a alma passa a ser apenas um com o objeto de seu amor, ela se torna o Bem, ela é o Bem:

> E se a alma tem a chance de reencontrá-Lo, se Ele vem até ela, melhor ainda, se Ele aparece presente para ela, quando ela própria se desviou das coisas presentes, tendo ela mesma se preparado para ser a mais bela possível tendo chegado assim à semelhança com Ele (pois essa preparação, essa ordenação são bem conhecidas dos que as praticam),[22] vendo-O então "subitamente"[23] aparecer nela (pois não há nada mais entre os dois e eles não são mais dois, mas todos os dois são um: com efeito, tu não podes mais distingui-los, tão longamente enquanto Ele estiver aí: a imagem disso são os amantes e os amados daqui que gostariam de se fundir juntos), nesse momento, a alma não tem mais consciência do seu corpo, nem que se encontra nesse corpo e ela não diz mais que é alguma coisa diferente d'Ele: homem ou animal ou ser ou tudo (pois a visão destas coisas quebraria a uniformidade do seu estado), e aliás, ela não tem nem o tempo, nem o desejo de se voltar para elas, mas, tendo-O buscado, quando Ele está presente, ela vai ao seu encontro, e é Ele que ela olha em vez dela mesma, e ela não tem tempo livre para ver quem ela é, ela que olha. (VI 7, 34, 8-21)

Quanto ao objeto de sua visão... quem vê, nesse momento então, nem O vê, nem O distingue, e não percebe que são dois,

---

[21] Cf. Platão, *Fedro*, 250 d 4-5.

[22] Entrevemos aqui a existência de um ensinamento puramente oral dos exercícios espirituais preparando para a união mística.

[23] Platão, *Banquete*, 210 e 4.

mas de algum modo tendo-se tornado outro e não sendo mais ele mesmo, nem pertencente a si mesmo, pertence inteiramente a quem está lá, e, possuído por Ele, é um, como se tivesse feito seu centro coincidir com o centro. Pois mesmo aqui dois centros que coincidem são um. Eles só se tornam dois quando se separam. (VI 9, 10, 12-16)

Se o eu pode assim coincidir com o Bem, com o que Plotino, para exprimir sua absoluta simplicidade, chama de Um, é que no fundo a fonte última da vida espiritual é uma presença pura, simples, indecomponível. Era essa presença total que a visão espiritual já pressentia, como vimos, por trás do mundo das Formas. Elas apareciam como a manifestação de uma força cujo movimento de expansão não parava em nenhuma forma particular. Como os passos sucessivos que o dançarino faz, as Formas – e sua Beleza – eram apenas as figuras nas quais se exprimia a simplicidade fecunda de um movimento puro que, permanecendo no seu próprio interior, engendrava-as ao mesmo tempo que as ultrapassava. Tal era também a experiência da graça: "A Beleza é apenas a graça fixada".[24] Assim, toda forma é derivada: "A forma é só um traço do 'sem forma'. Com efeito, o 'sem forma' engendra a forma". (VI 7, 33, 30-31)

No êxtase místico, a alma, deixando toda forma e sua própria forma, identifica-se com essa realidade sem forma, essa presença pura que é o centro tanto dela mesma quanto de todas as coisas.

\*\*\*

Nesse estado, a alma tem a impressão de alcançar uma vida superior:

> Para aqueles que ignoram esse estado, que imaginem, conforme os amores daqui, o que deve ser o encontro com o ser mais amado, e que os objetos do amor daqui são mortais e nocivos, que os amores daqui só têm por objetos

---

[24] Leonardo da Vinci, citado por H. Bergson, "La Vie et l'Oeuvre de Ravaisson" em, *La Pensée et le Mouvant*, p. 280.

reflexos e que eles são instáveis, porque não se trata do que amamos verdadeiramente, nem de nosso bem, nem do que buscamos. Mas é lá que está o verdadeiro bem-amado, com quem é possível unir-se participando d'Ele e O possuindo realmente, não só O contornando do exterior com nossos braços de carne. "Aquele que viu sabe o que digo",[25] a saber, que a alma recebe então outra vida, quando ela se aproxima d'Ele, chega então a Ele, participa d'Ele, de modo que, nesse estado, ela sabe que está presente Aquele que dá a vida verdadeira e que ela não tem mais necessidade de nada, mas que, bem ao contrário, é-lhe necessário deixar todas as outras coisas e manter-se imóvel nesse Só, e tornar-se esse Só, suprimindo todas as outras coisas que nos envolvem, de modo que temos pressa de sair daqui, que nos irritamos por estar ligados ao lado oposto [isto é, à matéria e ao corpo], em nosso desejo de abraçá-lo com nossa própria totalidade e de não ter mais nenhuma parte de nós mesmos que não toque Deus. (VI 9, 9, 40-56)

Nessa união mística, a alma experimenta um sentimento de certeza, de bem-estar, de volúpia:

Nesse momento, lhe são dados julgar e conhecer perfeitamente que "é Ele" que ela desejava e de afirmar que não há nada preferível a Ele, pois lá nenhum engano é possível: onde se encontraria o mais verdadeiro que o verdadeiro? O que ela diz então: "é Ele!", é de fato mais tarde que pronuncia; agora é seu silêncio que fala: repleta de alegria, ela não se engana, precisamente porque ela está repleta de alegria e ela não o diz por causa de um prazer que arrepiaria seu corpo, mas porque ela se tornou o que era outrora, quando era feliz. Mas também todas as coisas que lhe davam prazer antes: os títulos, o poder, as riquezas, as belezas, as ciências, tudo isso, ela diz que despreza; ela o diria se não tivesse encontrado coisas preferíveis a tudo isso? E ela não teme mais que algo possa lhe acontecer, pois ela não vê absolutamente nada quando está com Ele. Mas, se

---

[25] Fórmula dos mistérios de Elêusis, cf. Pausânias, *Description de la Grèce*, I, 37, 4.

acontecesse de todas as coisas que estão em torno dela serem destruídas, seria isto o que ela quer, à condição somente de que ela esteja com Ele: tão grande é a alegria à qual ela chegou. (VI 7, 34, 25-39)

Se a alma experimenta alegria e volúpia, é então porque ela "tornou-se o que era outrora quando era feliz". A experiência mística aparece aqui como um retorno da alma à sua origem, que é, de fato, a origem de todas as coisas, isto é, o ponto onde o Espírito, portador de toda realidade, emana, como um raio, do centro que é o Bem. Cada pensador místico busca encontrar em seu próprio sistema um lugar que se poderia chamar lógico e sistemático, para nele situar a experiência mística, que é universal e ultrapassa todos os sistemas. Plotino, por seu turno, a situa em uma perspectiva cosmogônica. Da presença do Bem, emana uma pura alteridade, uma pura possibilidade sem determinação, que podemos representar como uma irradiação sem forma. É daí que nascerá o Espírito e, com ele, todas as coisas. Em um momento inicial, o Espírito ainda está em um estado pré-intelectual, indistinto e indeterminado, mas ele se volta para o Bem:

O Espírito não era ainda Espírito no momento em que ele dirigia seu olhar para o Bem, mas ele olhava de uma maneira não intelectual... ele não via de nenhum modo, ele vivia junto dele, ele estava suspenso a ele, estava voltado para ele. (VI 7, 16, 13-15)

Assim, o Espírito, em seu estado nascente, está em contato imediato com o Bem, por um tipo de "toque". Desse Espírito que não é ainda Espírito, Plotino diz que ele é "o Espírito cheio de amor, insensato, porque está ébrio de néctar, florescendo na alegria, por causa do estado de ebriedade no qual se encontra".[26] Há aqui provavelmente uma alusão ao mito do nascimento do Amor, no *Banquete* de Platão,[27] no qual o pai do Amor, Poros, ébrio de néctar,

---

[26] VI 7, 35, 24.
[27] Platão, *Banquete*, 203 b 5.

adormeceu no jardim de Zeus. Se o Espírito nascente está ébrio de amor e de alegria, é porque está em contato imediato com o Bem, porque ele "vive próximo dele", sem o intermédio do Pensamento e das Formas. No seu estado final, o Espírito estará, ao contrário, completamente determinado e desenvolvido: ele terá engendrado, em seu movimento de tomada de consciência de si, a multiplicidade e a totalidade sistemática das Formas. Mas então o Espírito pensante não terá mais a experiência do contato amoroso com o Bem: ele só o conhecerá de um modo intelectual, isto é, na dualidade do objeto e do sujeito, na multiplicidade das Formas. Há assim, eternamente, dois níveis e dois modos do Espírito, o do Espírito amante, e do Espírito pensante.[28]

Encontra-se então na origem das coisas um acontecimento (eterno) que é, pode-se dizer, o arquétipo da experiência mística e que se situa no instante em que o relativo emana do Absoluto, no instante em que o Espírito se encontra em seu estado inicial e em que os seres relativos, presentes de uma maneira potencial no Espírito amante, nascem com ele na embriaguez e na alegria do êxtase amoroso que a relação imediata com o Bem proporciona. Sabemos, aliás, que a alma, em seu cimo, vive sempre no Espírito. A experiência mística da alma se realizará então quando a alma tiver a chance de viver com o Espírito o êxtase amoroso que o faz nascer e que a faz nascer. Ela retorna assim à sua origem absolutamente primeira, que é também a origem do Espírito e a origem de todas as coisas: "Ela então se tornou novamente o que era outrora, quando era feliz".[29]

Para Plotino, é mister lembrar, é em nós mesmos que se situa esse processo cosmogônico pelo qual o Espírito se volta em direção ao Bem e engendra as Formas e os seres. Esses níveis de realidade são ao mesmo tempo os níveis do nosso eu. É em si mesma que a alma pode alcançar interiormente a unidade

---

[28] VI, 7, 35, 29-30.

[29] Sobre essa experiência mística do Espírito em seu estado inicial, cf. Plotino, *Traité 38*, p. 37-43 e 56-57.

do Espírito e, mais interiormente ainda, ultrapassar o Espírito e o pensamento, para chegar ao ponto de origem no qual ela está em contato imediato com o Bem, na união com o Espírito amante e na embriaguez do amor extático.

Poder-se-ia ir mais longe e entrever que a alegria e a volúpia nos fazem conhecer algo da essência do Bem: com efeito, se a presença do Bem proporciona uma tal satisfação, não seria por que o próprio Bem é indizível satisfação e por que a alma, tocando o Bem, participa do contentamento que o Bem possui em si mesmo? Não se poderia assim pressentir algo acerca do princípio e do fundo de toda realidade? Plotino não teria certamente admitido tais especulações; ele se fixava muito em afirmar a simplicidade absoluta do Um ou do Bem e se recusava radicalmente a admitir que o Bem tenha qualquer relação que seja consigo mesmo, ao ponto que, a seus olhos, o Bem não podia ser Bem para si mesmo, mas somente para os outros.[30] Foi então de uma maneira metafórica e imprópria, por um tipo de abuso de linguagem, para as necessidades da persuasão, como o próprio Plotino reconhecia,[31] que ele fora levado a dizer do Bem que ele é "amor de si" e que "seu ser e seu desejo de si próprio são apenas um".[32]

***

A realidade divina aparece-nos então sob dois aspectos, conforme o nível ao qual se eleva nossa vida interior. Por vezes, só contemplamos o Belo, isto é, o Espírito em seu estado de acabamento, contendo em si o sistema das Formas que vivem e se pensam no Espírito. Por vezes, chegamos a elevar-nos ao nível do Espírito em seu estado inicial e então, porque participamos da sua relação imediata com o Bem, a presença do Bem faz nascer em nós um amor infinito.

O Bem é então superior ao Belo:

---

[30] VI 7, 41, 29-30.
[31] VI 8, 13, 1.
[32] VI 8, 15, 7.

O Bem é pleno de doçura, de benevolência e de delicadeza. Ele está sempre à disposição de quem o deseja. Mas o Belo provoca terror, desregramento, e prazer mesclado de dor. Ele conduz para longe do Bem quem não sabe o que é o Bem, como o objeto amado pode conduzir para longe do Pai.[33] (V 5, 12, 33-37).

Em outro lugar, Plotino não fala mais de terror, mas de um tipo de paralisia, de inércia e de indiferença:

> Antes ela não experimenta nenhuma emoção que a atraia em direção ao Espírito, ainda que este seja belo; pois a beleza do Espírito não produz nenhum efeito, enquanto esta beleza não tiver recebido a luz do Bem; então, entregue a suas próprias forças, a alma "fica deitada",[34] indiferente; ela está totalmente inativa e, mesmo quando o Espírito lhe está presente, ela está, em relação a ele, bestificada. (VI 7, 22, 10-14)

Terror ou paralisia? Plotino encontrava, em uma só e mesma passagem de Platão, e, graças a uma interpretação alegórica, essa dupla atitude da alma em relação ao belo. Quando ela se relembra da Forma da Beleza, a memória do cocheiro mítico que conduz a carruagem da alma no *Fedro*[35] está repleta de terror, vira-se para trás e fica então inerte e deitada. O que quer dizer Plotino é, primeiro, que se o Belo, isto é, o Espírito contendo em si o mundo das Formas, fosse o princípio supremo, a alma não conheceria nenhum outro sentimento além de um terror sagrado. Ela ignoraria tudo o que o Bem traz: a doçura, a benevolência, a delicadeza, a graça. O que ele quer dizer também é que a alma não seria conduzida além do belo, em direção ao Bem, mas que ela permaneceria inerte e "deitada", sem verdadeiro amor pela Beleza, porque ela não seria atraída pela luz da graça cintilando sobre a beleza. Ela seria assim conduzida para longe do Pai, isto é, do Bem.

---

[33] Cf. VI 9, 9, 34.
[34] Cf. Platão, *Fedro*, 254 b 8.
[35] *Fedro*, 254 b 8.

"O Belo é só o primeiro grau do terrível", dirá com profundidade Rilke, no início da sua primeira *Elegia*. O que nos terrifica nele talvez seja o fato de que, como diz Plotino, o Belo nos parece ser Belo apenas por si mesmo,[36] encerrado em si mesmo, voltado para si mesmo, como uma estátua impassível e majestosa, que nos ignoraria, enquanto o Bem é Bem para os outros, e não para si mesmo, e temos a impressão de que ele está sempre à nossa disposição. Mais precisamente, essa oposição entre o Belo e o Bem só pode ser uma hipótese abstrata destinada a nos fazer melhor compreender que é preciso ver todas as coisas na perspectiva do Bem, pois, na realidade da vida espiritual, a experiência do Belo e a experiência do Bem estão estritamente ligadas. Pois, se há dois graus na experiência mística, há apenas um só movimento, o movimento em direção ao Bem. Se a Beleza do Espírito pensante e das Formas nos preenche de amor, é porque ela tem a "semelhança com o Bem",[37] porque a vemos na luz do Bem, porque somos levados pelo élan infinito que, através dela, nos conduz em direção ao Bem. No Espírito e nas Formas, amamos, em última instância, o Bem. E, quando chegamos ao nível do Espírito amante, partilhamos sua embriaguez amorosa no contato imediato com o Bem. Para quem teve a experiência do amor divino, a fonte de todas as coisas aparece assim como "doçura, benevolência e delicadeza" e é natural que tudo reflita sua graça e sua bondade. A vida espiritual de Plotino é feita de confiança tranquila e de calma doçura. Os terrores dos gnósticos lhe parecem ridículos:

> É preciso aceitar com doçura a natureza de todas as coisas, mas se apressar em direção às coisas primeiras, e terminar com esta tragédia dos terrores que tem por teatro, como eles acreditam, as esferas do mundo, elas que, na verdade, "só preparam para eles tudo o que existe de doce e de amável".
> (II 9, 13, 6-8)

---

[36] V 5, 12, 21.
[37] VI 7, 15, 9; cf. *Traité 38*, p. 37 e 126.

Fato significativo, Píndaro,[38] que Plotino cita aqui, fala precisamente da Graça, quando evoca esta potência que traz a doçura aos mortais.

\*\*\*

Finalmente, a doçura divina é luz e, para Plotino, isso ajuda a compreender algumas coisas. Inicialmente, é como uma luz cuja presença pura nos invade:

> [O que o Espírito vê] é uma luz que apareceu de um só golpe, ela mesma em si mesma, só, pura, por si mesma, de modo que o Espírito se pergunta de onde ela apareceu, de fora ou do interior, e, quando ela vai embora para lá, ele se diz: "Era no interior e, no entanto, não no interior". Mas não se deve buscar de onde esta luz apareceu. Pois lá não há lugar de origem. Pois ela não vem de nenhuma parte e não se vai a nenhuma parte, mas ela aparece ou não aparece. Por isso não é necessário persegui-la, mas esperar em paz que ela apareça, preparando-se para contemplá-la, como o olho espera o nascer do sol: surgindo acima do horizonte ("do Oceano", dizem os poetas), ele se dá aos nossos olhos para ser contemplado... Mas Ele, ele não veio, assim como o esperávamos, mas Ele veio como não tendo vindo. Pois ele não foi visto, como tendo vindo, mas como presente antes de qualquer coisa, antes mesmo que venha o Espírito... Eis aqui uma grande maravilha, certamente! Como é possível que, não vindo, ele esteja presente? Como é possível que, não estando em nenhuma parte, não haja nenhum lugar onde ele não esteja? Sim, podemos nos espantar à primeira vista, mas quem o conheceu se espantaria bem mais do contrário [isto é, que o Bem possa estar presente vindo de alguma parte]; ou antes, não é possível que este contrário exista e que alguém possa se espantar com ele. (V 5, 7, 33-38; 8, 13-16; 8, 23-27)

Para Plotino, como para Platão, a visão consiste em um contato da luz interior do olho com a luz exterior. Mas Plotino

---

[38] Píndaro, *Olympiques*, texto estabelecido e traduzido por H. Puech. Paris, Les Belles Lettres, 1970, I, 48, p. 27.

conclui disso que, quando a visão se torna espiritual, não há mais distinção entre a luz interior e a luz exterior. A visão é luz e a luz é visão. Há um tipo de autovisão da luz: a luz é como transparente a si mesma.

Aqui, certos fenômenos visuais nos permitem imaginar essa unidade da visão e da luz:

> Não é sempre a luz exterior e estrangeira que o olho vê, mas, em curtos instantes, ele vê, antes da luz exterior, uma luz que lhe é própria e que é mais luminosa. Ou ela emana dele à noite, na obscuridade, ou, se ele abaixa as pálpebras, quando não deseja ver nada das outras coisas, ele projeta, no entanto, uma luz, ou, quando o possuidor do olho o aperta, ele vê a luz que está nele. Então ele vê sem ver e é sobretudo então que ele vê, pois vê a luz. As outras coisas só eram luminosas, elas não eram a luz. (V 5, 7, 23-31)

Na experiência mística, o olho interior da alma só vê luz:

> Levado, de algum modo, *pela onda*[39] do próprio Espírito, *elevado* por essa maré que, de algum modo, inchava, o contemplante viu subitamente, sem ver como viu, mas a visão, preenchendo os olhos de luz, não fazia ver outra coisa por essa luz, mas a própria luz era o objeto da visão. Pois, nesse objeto de visão, não havia de um lado o que se vê, de outro lado sua luz, não havia um pensante e um pensado, mas somente uma claridade resplandecente que engendrou estas coisas em um momento ulterior... Assim o Bem é puramente luz... (VI 7, 36, 17-23)

É com essa claridade original que o olhar da alma vem se confundir. É como se a alma visse a luz que está no interior do seu próprio olhar:

> Somos obrigados a admitir que a alma O vê, quando ela é subitamente preenchida de luz. Pois essa luz vem d'Ele e é Ele mesmo. E então somos obrigados a crer que Ele está presente,

---

[39] Homero, *Odisseia*, V, 393: "Pôde ver a terra muito próxima; seu olhar a examinava do alto de uma grande onda que o havia elevado".

quando, como um outro deus que chamamos em nossa casa, Ele vem e nos ilumina. Se Ele não tivesse vindo, Ele não nos teria iluminado. Se ela não está iluminada por ele, a alma está privada de Deus. Mas, se é iluminada, ela possui o que busca. E esse é o verdadeiro fim para a alma: tocar essa luz, ver essa luz por essa luz, não pela luz de um outro, mas pela luz graças à qual precisamente ela vê. O que a alma deve ver é a luz pela qual ela é iluminada. Pois o sol tampouco é visto na luz de um outro. Como isso se realizaria? Suprime tudo. (V 3, 17, 28-38)

O que é preciso ver é o que nos faz ver; é a luz, que está na origem do nosso olhar.[40] Se a vida em todos os seus níveis é olhar e contemplação, poderíamos imaginar, de uma maneira imprópria e metafórica, que o Bem, que é o centro e a fonte da vida, é de algum modo olhar e luz absolutos: "Seu ser, para ele, é, de algum modo, seu olhar sobre si".[41]

A experiência plotiniana se exprime incessantemente em termos de luz, de brilho, de transparência, de claridade, de iluminação. É preciso concluir que ela ignora as trevas e as noites do espírito que caracterizam a mística cristã? Na medida em que o vazio e o despojamento interiores ("suprime tudo") podem aparecer para a alma como um tipo de noite, porque ela tem a impressão de perder a luz à qual está habituada, deve-se dizer que há também uma noite mística em Plotino. Mas, na medida em que a noite dos místicos cristãos corresponde ao exercício da fé, mais ainda, encontra o sofrimento do Cristo crucificado que se sente abandonado pelo Pai, fica muito evidente que tudo isso está ausente em Plotino. A espiritualidade de Plotino é essencialmente luminosa e serena. É na paz e na doçura que a alma plotiniana "suprime tudo" e que ela se torna assim uma pura capacidade de recepção, esperando ser invadida pela presença do Bem que está sempre já presente.

---

[40] Quão plotiniana a resposta de Goethe a Schopenhauer, que havia lhe exposto uma doutrina idealista da visão: "O quê! A luz não estaria aí senão quando o senhor a vê? Não! Antes o senhor não estaria aí se a própria luz não o visse" (*Gespräche*, ed. W. von Biedermann, Leipzig, 1909, t. II, p. 245).

[41] VI 8, 16, 20.

# 5. VIRTUDES

*"Sem a virtude, Deus é só uma palavra."*
(II 9, 15, 39)

*Por que, então, não ficamos lá?*
(VI 9, 10, 1)

Essa é a grande questão plotiniana. Se temos uma parte de nós mesmos que está sempre lá, e se nos ocorre por vezes de ser elevados a esse nível superior, de viver a melhor vida, de repousar no Divino, de sermos invadidos pela presença total, de experimentar o amor do Bem, de nos tornarmos um olhar que é nada mais que a própria luz da qual ele emana, como podemos descer novamente, como a presença pode tornar-se ausência, como o ardor do amor pode apagar-se?[1] Como podemos rever objetos distintos, como podemos retomar consciência, refletir, raciocinar, sentir novamente nosso corpo; em uma palavra, como podemos nos tornar de novo humanos?

Quando experimentamos que a verdadeira vida estava lá, quando saboreamos, em um brilho fugidio, a união divina, como podemos retornar à vida cotidiana, que parece normal

---
[1] VI 9, 9, 60.

aos outros homens, mas que, agora, para quem conheceu o êxtase, aparece como um estado anormal e violento?

Se nela recaímos, é porque não suportávamos mais estar lá. Mas, agora, não podemos mais suportar estar aqui. Não pertencemos mais a nenhum lugar: demasiado terrestres para reter o dom divino, mas demasiado divinos agora para esquecê-lo: "As almas são necessariamente como "anfíbios". Elas vivem em parte a vida de lá e em parte a vida daqui" (IV 8, 4, 31-33).

Tal é o paradoxo da condição humana. Lá, somos nós mesmos, mas não pertencemos mais a nós mesmos, pois esse estado nos é dado e dele não somos mestres. Aqui, acreditamos pertencer a nós mesmos, mas sabemos que não somos mais verdadeiramente nós mesmos.

E esses níveis descontínuos não podem se abolir. Após ter estado lá é, no entanto, necessário viver, ocupar-se do corpo e de outrem, raciocinar, prever. E, se a experiência mística foi fugaz, todavia não se pode esquecê-la. Após tê-la experimentado, não se é mais o mesmo.

Como viver então? O grande problema, para Plotino, é aprender a viver a vida de todos os dias. Trata-se de aprender a viver, após a contemplação, uma vida tal que nos disponha à contemplação. Trata-se de se concentrar interiormente, de se recolher suficientemente, para permanecer pronto a acolher a presença divina, quando ela se manifestar de novo. É mister desligar-se suficientemente da vida daqui, para que a contemplação possa tornar-se um estado contínuo. E é preciso, todavia, aprender a suportar a vida cotidiana, melhor ainda, a iluminá-la com a claridade que vem da contemplação. Este será todo um trabalho de purificação, de simplificação, de unificação interiores.

Tal será a obra da virtude. Avançando na vida, Plotino descobrirá cada vez mais a importância dela. Se os tratados da juventude e da maturidade, recomendando a prática das virtudes, cantam a beleza do mundo espiritual e a embriaguez do êxtase, as obras que ele escreve no fim da sua vida são consagradas quase exclusivamente a temas morais.

A experiência da união divina permanece no centro do seu pensamento. Mas Plotino dedica-se doravante a mostrar como a virtude, nascida da união, transforma o ser por inteiro, como ela torna-se sabedoria substancial. Uma contemplação que não se propagasse na vida concreta, que não objetivasse tornar o homem semelhante a Deus pela virtude, permaneceria estranha e não teria sentido para nós.

Tal é o perigo do gnosticismo, Plotino bem o viu. Sabemos que estamos salvos por natureza; pensamos que o esforço moral não acrescentará nada. Aliás, não somos deste mundo, não somos realmente "daqui". De que vale então praticar virtudes, uma vez que basta esperar o fim deste mundo para ser libertado? É inútil e impossível buscar viver aqui segundo nossa natureza espiritual. Plotino reconhece aí um dos mais graves perigos da vida espiritual:

> Uma prova da sua indiferença em relação à virtude é que eles não compõem nenhum discurso a respeito da virtude, que lhes falta totalmente qualquer discurso sobre essas matérias, que eles não dizem nem o que é a virtude, nem quanto dela há; nada tampouco de numerosas e belas especulações acerca do que os escritos dos antigos contêm sobre esse assunto; eles não dizem tampouco de onde a virtude pode se realizar e se adquirir, nem como se pode curar e cuidar das almas. Pois de nada serve dizer: "Olhe para Deus", se igualmente não se ensina como se olha; o que impede, com efeito, poder-se-ia dizer, de olhar para Deus sem se abster de nenhum prazer e sem ser mestre em reprimir sua cólera, lembrando-se sem dúvida da palavra "Deus", e ao mesmo tempo estando dominado por todas as paixões e nada fazendo para delas se libertar? No entanto, o que faz ver Deus é a virtude progredindo em direção à perfeição e estabelecendo-se na alma com sabedoria: pois, sem a virtude verdadeira, o Deus do qual se fala é só uma palavra. (II 9, 15, 28-40)

A "gnose", o puro conhecimento, se não passa de uma doutrina, uma teoria, uma teologia, não pode nos conduzir a Deus, ainda que empregue métodos tradicionais da "teologia negativa": "O que nos instrui a seu respeito são as analogias, as negações, os conhecimentos das coisas que vêm dele e certos *patamares*".[2]

Só a transformação interior do nosso ser, obtida pela virtude, nos conduzirá realmente a Deus:

> Mas o que nos conduz a ele são as purificações, as virtudes, as ordenações interiores, os élans para alcançar o mundo espiritual, para nele se fixar, para se saciar com o alimento que nele se encontra. (VI 7, 36, 6-10)

A experiência mística está longe de ser uma tagarelice ou um sonho. Plotino combate com rigor a ilusão do quietismo gnóstico. Não basta dizer às pessoas: "Vocês são de raça divina". Simples afirmações não transformam o interior das almas, se elas não são acompanhadas da prática real da virtude. Os que desprezam a virtude desprezam ao mesmo tempo as exigências próprias à natureza humana. E "quem quer se fazer de anjo se faz animal":[3]

> É preciso que o homem nobre se eleve com medida, sem arrogância grosseira, indo somente até o ponto a que nossa natureza permite subir; é preciso crer que há lugar para outros, além de nós, junto de Deus e não se dispor sozinho em sua busca, como se se voasse em sonho,[4] e privar-se assim de se tornar Deus na medida em que isso é possível à alma humana. Isso lhe é possível na medida em que ela é conduzida pelo Espírito. Mas querer se colocar acima do Espírito é cair fora do Espírito. Os homens pouco sensatos deixam-se persuadir quando escutam discursos tais que: "Tu serás o melhor de todos, tanto dos homens, como dos deuses" – pois grande é a

---

[2] Platão, *Banquete*, 211 c 3; trata-se da subida em direção à Ideia do Belo em si que percorre os patamares das belezas particulares.

[3] Pascal, *Pensamentos*, nº 358 Brunschvicg.

[4] Cf. Platão, *Teeteto*, 158 b.

arrogância nos homens – e também aquele que outrora era um homem humilde, modesto e simples, se escuta: "Tu és filho de Deus... tu és superior ao céu... sem que tenhas necessidade de te cansar" (II 9, 9, 45-60).

\*\*\*

A virtude plotiniana nasce da contemplação e reconduz à contemplação:

> Se decaímos da contemplação, despertando novamente a virtude que temos em nós e tomando consciência então do fato de que nos embelezamos pelas virtudes, reencontraremos a leveza, indo da virtude ao Espírito e à Sabedoria e, por intermédio da Sabedoria, até Aquele. E tal é a vida dos deuses e dos homens divinos e felizes:[5] estar livre em relação às realidades daqui, viver sem procurar ter prazer nas realidades daqui, fugir só para o Só. (VI 9, 11, 46-51)

Tal é o itinerário da alma. Elevada até o Um pela moção liberal e graciosa dele, ela não pôde se manter no cimo de si mesma. Ela recaiu. Mas, voltando à vida prática, à reflexão, à consciência, ela reencontra em si mesma, aqui, esse traço de Deus, a virtude, que a torna semelhante a Deus. Pela prática das virtudes, a alma pode elevar-se novamente até o Espírito, isto é, até uma vida puramente espiritual. Chegada a essa perfeição, a virtude torna-se sabedoria, torna-se um estado estável, a partir do qual a alma poderá estar novamente disposta para a união divina.

A virtude entra em jogo quando a alma decai da contemplação, quando ela não pode mais se manter no nível espiritual. Dir-se-á que era necessário que a alma já estivesse purificada para poder contemplar. Mas aqui encontramos o paradoxo da presença divina: "Tu não me buscarias se não me tivesses encontrado".[6] A virtude, que nos conduz a Deus, só pode nascer na alma de uma primeira união com Deus:

---

[5] Cf. Platão, *Teeteto*, 176 a.
[6] Pascal, *Pensamentos*, § 553 Brunschvicg.

Esta atividade do Espírito [à qual a alma está unida] engendra também deuses pelo contato que ela tem com Ele em um repouso tranquilo, pois ela engendra a Beleza, ela engendra a Justiça, ela engendra a Virtude. É disso, com efeito, que a alma está grávida, sendo fecundada por Deus mesmo. (VI 9, 9, 17-20)

A virtude só pode nascer na alma se ela entreviu, ainda que por um instante, a Beleza da Inteligência, se ela saboreou, ainda que em um clarão, a alegria da união divina. Certamente, porque a alma não está suficientemente purificada, ela não pode suportar esses estados. Mas, precisamente, a virtude terá por tarefa principal purificar a alma de tal modo que ela possa suportar, de maneira contínua, a união divina.

Ocorre que o primeiro movimento em direção à virtude é um dom divino, uma iluminação, uma experiência da união. Como a alma saberia que ela tem uma parte de si mesma que permanece lá se ela não tivesse tido consciência disso, como desejaria se tornar semelhante a Deus se ela não tivesse experimentado, subitamente, a presença divina?

É somente quando a alma recebe em si o *eflúvio* que vem do Bem que ela se emociona. (VI 7, 22, 8)

A alma ama o Bem porque, desde a origem, ela foi incitada por Ele a amá-lo. (VI 7, 31, 17)

A iluminação vinda do Espírito dá à alma uma vida mais clara... ela faz com que a alma se volte para si mesma, ela a impede de se dispersar e ela a faz amar o esplendor que está no Espírito. (V 3, 8, 27-31)

Aliás, a virtude plotiniana guarda o caráter dessa origem. Quer ser realmente uma assimilação a Deus.

É por isso que Plotino distingue dois níveis nas virtudes. Existem virtudes que poderíamos chamar de sociais. Prudência, justiça, força e temperança, quando estão nesse nível, moderam somente as paixões que vêm do corpo e regram nossas relações com os outros homens. Acima dessas virtudes sociais, existem as virtudes purificativas. Por elas, a alma, em vez de manter sua composição com o corpo, como fazem as virtudes sociais, separa-se radicalmente dele e volta toda sua atenção para Deus: esses dois movimentos são, aliás, inseparáveis.[7]

Esses dois níveis das virtudes correspondem a dois níveis diferentes da realidade humana. Há o "composto", isto é, essa parte de nós mesmos que corresponde a um tipo de mistura da alma com o corpo. É aí que se produzem as paixões, os medos, os desejos, as dores, os prazeres. Há acima a alma pura, o homem interior, o homem espiritual, cuja atividade própria é o pensamento, melhor ainda, a contemplação de Deus. As virtudes inferiores regram a atividade do "composto". Mas o sábio recusa identificar-se com o "composto". Esse corpo vivo, essas paixões, essas dores e esses prazeres são dele, talvez, mas elas não são ele próprio.

> Outro é o homem verdadeiro; ele está puro de tudo o que em nós toca a animalidade. Ele possui as virtudes que são da ordem do pensamento, que têm sua sede na alma que se separa do corpo, que se separa, e mesmo que já está completamente separada, mesmo estando aqui. (I 1, 10, 7-10)

As virtudes purificativas correspondem então a uma transformação total da vida interior. Poder-se-ia dizer que toda a energia espiritual reflui para o interior e para o alto. O sábio vive no cimo de si mesmo, dando aos níveis inferiores só a atenção indispensável para a conservação da vida. O esforço moral não é mais um combate, mas uma fuga vitoriosa. As coisas inferiores não têm mais interesse porque não se lhes presta mais verdadeiramente atenção. Elas não causam mais problemas. Toda a atividade volta-se para Deus.

Inútil dizer que Plotino vai imediatamente a esse nível superior. Nessa perspectiva, as virtudes sociais não têm mais razão de ser, pois os problemas morais que elas deveriam resolver estão eliminados:

---

[7] I 2, 4, 16.

O homem de bem chega a princípios e a normas superiores e agirá doravante conforme a esses princípios e a essas normas. Por exemplo, para a temperança: ela não consistirá mais para ele na aplicação da norma que ele admitira até então, mas em se separar totalmente, tanto quanto possível, e a não mais viver uma vida de homem, esta vida que era a de um homem de bem, conforme o juízo da virtude social. Abandonando esta vida, ele escolhe outra, a vida divina. (I 2, 7, 22-28)

Sim, é bem de uma vida que se trata, pois as virtudes purificativas, voltando a alma só para Deus, imitam o movimento pelo qual Deus repousa em si mesmo:

> A sabedoria e a prudência consistem doravante na contemplação das realidades que estão no Espírito divino... A justiça superior consiste em dirigir sua atividade para o Espírito, a temperança em se voltar interiormente para o Espírito, a coragem, em uma impassibilidade que resulta da semelhança com aquele em direção a quem a alma dirige seus olhares, e que é ele mesmo impassível por sua própria natureza. (I 2, 6, 12-13; 23-26)

A virtude plotiniana poderia então dizer, como a natureza: "Nascida de uma contemplação, eu amo a contemplação e contemplo".[8] Nada de surpreendente nisso, pois, para Plotino, toda vida, no fundo, é contemplação. Separada do corpo, voltada para Deus, que fará a alma senão contemplar:

> Não se deve dizer que a virtude é antes o que é produzido pela conversão da alma [em direção ao Espírito]? – E o que é então? – uma contemplação, e a impressão daquilo que é visto, que é implantado e ativo na alma, tal como a relação da vista com seu objeto.[9]

Em todos os sentidos do termo, a virtude é então prolongamento da contemplação. Nascida da contemplação, retornando à contemplação, a virtude plotiniana é apenas contemplação.

---

[8] III 8, 4, 6.
[9] I 2, 4, 18.

Ela é o esforço de atenção pelo qual a alma tenta manter-se no nível em que Deus a elevou. Tendo se tornado um estado, que se chamará a sabedoria, ela será contemplação contínua.

A virtude plotiniana consiste então em uma atitude espiritual extremamente simples. Considerando-a do exterior, pode-se por certo detalhá-la em diferentes aspectos, que serão chamados prudência, justiça, força ou temperança. Mas, vista do interior, ela não é sequer um esforço para se separar do corpo, ela é somente uma atenção contínua ao divino, um exercício perpétuo da presença de Deus. Pode-se falar, querendo, de uma metamorfose do olhar. Em si e em torno de si, através de todas as coisas, a virtude plotiniana só quer ver a presença divina. Graças a esse exercício, a união com Deus torna-se contínua. A contemplação do mundo das Formas e a experiência do amor do bem deixam de ser acontecimentos raros e extraordinários para ceder lugar a um estado de união substancial, de algum modo, que envolve o ser inteiramente:

> Para o que concerne às atividades contemplativas e intelectuais do homem de bem, talvez elas possam ser entravadas pelas circunstâncias exteriores, se elas se relacionam a coisas particulares, por exemplo, aquelas que só se pode fazer avançar por pesquisas e investigações. Mas a "mais alta ciência"[10] [aquela do Bem] está sempre à sua disposição e permanece sempre com ele, e ele a possuiria ainda mais se estivesse no famoso touro de Faláris.[11] É vão denominar "agradável" uma tal situação, como frequentemente se repetem duas ou mais vezes. Pois quem fala aqui de prazer é o mesmo que sofre, mas, para

---

[10] Platão, *República*, 505 a 2.

[11] Faláris, tirano de Agrigento, fazia queimar suas vítimas em um touro de bronze. Segundo os estoicos e os epicuristas, o sábio, mesmo no touro de Faláris, ainda é feliz. É aos epicuristas (Cícero, *Tusculanas*, II, 7, 17; H. Usener, *Epicurea*, Leipzig, 1887 [reed. Stuttgart, 1966], § 601) que Plotino alude nas linhas que seguem (quem fala aqui do prazer...). Os epicuristas não fazem distinção entre o eu puramente espiritual e o eu corporal. Eles só admitem um eu corporal. Se o próprio eu corporal está mergulhado no sofrimento, ele não pode afirmar, ao mesmo tempo, que está em um estado agradável. É mister supor que é o eu espiritual, aquele que está sempre mergulhado na contemplação do Bem, que faz essa afirmação.

nós outros, quem sofre é diferente de quem, ainda que esteja ligado àquele que sofre e tão longamente quanto esteja ligado pela necessidade, não está privado da contemplação integral do Bem. (I 4, 13, 3-12)

O sábio plotiniano, no touro de Faláris, não negará que sofre. Mas o sofrimento atroz do corpo, mesmo percebido pela alma, só atinge os níveis inferiores do eu. Voltada para Deus, concentrada no cimo de si mesma, a alma plotiniana continua contemplando e não pode desviar sua atenção para a parte inferior de si mesma, que está mergulhada no sofrimento. Deus, a quem ela está unida, é o Bem. O que ela pode desejar mais? Que podem lhe fazer as adversidades, a privação de prazer, o próprio sofrimento? Ela tem o Todo, ela é o Todo, o resto não tem importância. Só Deus basta.

Tal é a sabedoria plotiniana. Sabedoria mística, que não tem sentido para quem não experimentou a união divina.

Até aqui estamos situados no interior do pensamento plotiniano. Ninguém duvida que, fazendo-nos descobrir os níveis do eu, a beleza da vida universal, o amor do Bem, a virtude purificativa, Plotino nos tenha mostrado sua experiência interior. Parece ter chegado o momento agora de considerar as atitudes plotinianas, de algum modo, do exterior. É preciso pedir a Porfírio, seu biógrafo, que nos diga de qual maneira Plotino resolveu concretamente o problema que ele colocava no início deste capítulo: como viver aqui quando se contemplou a Beleza divina e experimentou o amor do Bem. Melhor ainda, como viver aqui em uma contínua contemplação?

## 6. Doçura

> *"O Bem é pleno de doçura,*
> *de benevolência e de delicadeza.*
> *Ele está sempre à disposição de*
> *quem o deseja."*
> (V 5, 12, 33)

O leitor hodierno que abre a *Vida de Plotino*, por Porfírio, não deixa de experimentar certo mal-estar. A primeira frase o surpreende: "Plotino, o filósofo que viveu em nossa época, parecia ter vergonha de estar em um corpo" (V. P. I, 1).

Adiante, as páginas que seguem o colocam em presença de um personagem bizarro que se recusa a falar de seus pais, da sua pátria, da sua data de nascimento, que não pode tolerar que se faça seu retrato.[1]

Porfírio não hesita em entrar em detalhes realistas:

> Frequentemente abatido por cólicas,[2] ele se recusava a fazer lavagens – "não convém a um homem velho, dizia, suportar tratamentos semelhantes" –, e não aceitava tampouco tomar

---

[1] V. P. I, 3-4; II, 37.
[2] Cf. M. D. Grmek, "Les Maladies et la Mort de Plotin", Porfírio, *Vie de Plotin*, t. II, p. 336, a respeito da doença do cólon de que Plotino sofria.

os remédios teriacais³ – "não aceito sequer me alimentar da carne de animais domésticos", explicava. Abstinha-se de frequentar os banhos públicos e, a cada dia, se fazia massagear em casa. Quando a epidemia de peste chegou ao seu paroxismo, aconteceu de os massagistas morrerem e ele negligenciou este cuidado. (V. P. II, 1-9).

Após uma narrativa, aliás muito emocionante, da última doença e da morte de Plotino, Porfírio nos conta a seguir alguns detalhes biográficos que o mestre lhe confiara ao longo de diversas conversas e, notadamente, esta curiosa lembrança da infância:

> Ainda que já frequentasse o gramático, quando chegou ao seu oitavo ano, foi encontrar sua ama e descobriu os seus seios na intenção de mamar; mas, tendo ouvido dizer, uma vez, que ele era uma criança abominável, teve vergonha e desistiu.⁴
> (V. P. III, 2-6)

Imediatamente, passa-se ao encontro de Plotino com seu mestre Amônio, depois às "aventuras de Plotino no Oriente":

> A partir do dia de seu encontro com ele, Plotino permaneceu constantemente próximo a Amônio e adquiriu uma tal capacidade no campo da filosofia que desejou vivamente experimentar a filosofia que era praticada entre os persas e aquela que era célebre entre os indianos. Quando o imperador Gordiano⁵ se preparou para atacar os persas, ele se fez admitir em sua comitiva e o seguiu. Ele contava então 39 anos, pois seguira o ensinamento de Amônio durante 11 anos. Mas Gordiano foi assassinado na Mesopotâmia. Plotino teve dificuldades para escapar e encontrou a salvação na Antióquia. Filipe tomou então o poder e Plotino, com 40 anos, veio para Roma.
> (V. P. III, 13-24)

---

³ A carne de animais selvagens, notadamente de serpentes, entrava na composição da teríaca.

⁴ Como bem notou J. Igal, *La Cronología de la Vida de Plotino de Porfirio*, Bilbao e Madri, 1972, p. 31-34, Plotino conta essa anedota provavelmente para dar um exemplo de discernimento moral que ocorre a partir da idade de 7 anos: "teve vergonha e desistiu".

⁵ Ver, p. 139, a biografia cronológica.

A partir desse momento, vemos Plotino tornar-se pouco a pouco o chefe de uma escola filosófica. Mas a filosofia, em toda Antiguidade, é antes de tudo um "estilo de vida". Entra-se, por assim dizer, na filosofia, como se entra em uma religião, por uma conversão que provoca uma modificação total da existência. O filósofo é menos um professor do que um mestre espiritual: ele exorta à conversão, depois dirige os novos convertidos, os jovens, com frequência adultos, nas vias da sabedoria. É um diretor de consciência. Ele ensina, por certo. Seus cursos podem mesmo até ter certo caráter técnico, relacionar-se a questões de lógica ou de física. Mas esses são apenas exercícios intelectuais que fazem parte de um método de formação endereçado à alma inteira.

É assim que nos aparece Plotino através da narrativa de Porfírio. Ele nos descreve a maneira como Plotino ensinava, nos enumera os discípulos que o cercavam e nos conta algumas anedotas muito vivas. Ele nos fala, sobretudo, com admiração do seu mestre:

> Sua atenção a si mesmo nunca relaxava, exceto durante o sono, que era dificultado pela restritiva dieta que fazia (com frequência ele não comia sequer pão) e pela contínua orientação do seu pensamento em direção ao Espírito. (V. P. VIII, 20-23)

Sim, o leitor hodierno, mesmo versado no conhecimento sobre a Antiguidade, experimenta certo mal-estar lendo tudo isso. Essa impressão, É. Bréhier, um excelente conhecedor de Plotino, resume perfeitamente: "Seguramente", escreve,

> não há, no meio de Plotino, a sanidade moral e o equilíbrio que se encontram na escola de Epiteto. Veem-se sintomas inquietantes de fadiga e de alteração nervosa. O tema constante da predicação plotiniana, "a fuga do mundo", tem um parentesco singular com esta "fuga da vida", essa necessidade contínua de mudar de lugar, "de ir para qualquer lugar, desde que seja fora do mundo", que são, segundo o Dr. Pierre Janet, características da síndrome melancólica. A maneira bastante brusca como

Plotino deixou Alexandria para nunca mais voltar, o desligamento completo de sua família e de seu país, talvez encontrem sua causa neste estado nervoso. Ele era, naturalmente, mantido pelo deplorável regime que seguia. Não somente se abstinha de carne como um pitagórico, mas também não tomava as precauções higiênicas mais elementares. Acrescente-se que a exaustão intelectual era frequente na escola; esta meditação sempre tensa, que se manifesta em um estilo no qual o pensamento corre sem interrupção e de algum modo mais rápido que a palavra, e a ausência de sono que daí resultava afetaram ao longo do tempo sua saúde. Quando Porfírio o conheceu, Plotino tinha o estômago arruinado, a visão muito fraca. Foi acometido por uma dor de garganta crônica e por uma doença de pele. Mas, acima de tudo, ele tem certa complacência, mesmo mórbida, por estes estados doentios.

É preciso que o homem diminua e enfraqueça seu corpo, a fim de mostrar que o verdadeiro homem é bem diferente das coisas exteriores... Ele não vai querer ignorar completamente o sofrimento; ele vai querer mesmo ter a experiência do sofrimento. (I 4, 14, 12-14)

Este singular testamento filosófico, continua É. Bréhier, ultrapassa a indiferença estoica, pois chega a desejar a dor.[6]

Quanto ao Dr. Gillet,[7] que diagnostica, na última doença de Plotino, sintomas de tuberculose pulmonar, ele reconhece no seu comportamento espiritual as consequências psíquicas dessa doença e, na filosofia plotiniana, um ideal de doente.

Termina-se assim por fazer de Plotino uma espécie de Pascal pagão, vivendo em um estado de tensão e de sofrimento perpétuos, vendo na doença o estado normal do homem.

***

---

[6] É. Bréhier, *Plotin, Les Ennéades*, t. I, Paris, 1924, p. VII-IX.

[7] P. Gillet, *Plotin, un Point de Vue Médical et Psychologique*, thèse de médecine, Paris, 1934. Encontrar-se-á uma ótima clarificação desses problemas no artigo de M. D. Grmek, citado na p. 116.

Muitos traços desse quadro sombrio são exagerados. As anedotas contadas por Porfírio foram com frequência mal interpretadas, as informações que ele nos dá, mal compreendidas, seus silêncios mesmo, tomados negativamente. Se relemos atentamente sua narrativa, todo um outro Plotino aparecerá.

E, inicialmente, é preciso nos resignar em ignorar muitas coisas sobre a vida de Plotino. Porfírio viveu somente 6 anos com ele. Só o conheceu no final da sua vida, no momento em que se aproximava da velhice e sua última doença começava a se manifestar. O quadro que ele nos dá é necessariamente parcial. O passado de Plotino lhe escapa quase totalmente e ele é naturalmente conduzido a insistir sobre o caráter ao mesmo tempo ascético e doentio da vida do mestre.

Porfírio nos diz muito pouco sobre a juventude de Plotino para que possamos dela dar uma interpretação psicológica e descobrir traços de uma "síndrome melancólica". Nada, na narrativa de Porfírio, permite afirmar que, para seguir Gordiano marchando para a Pérsia, Plotino tenha deixado bruscamente Alexandria e que tenha abandonado Amônio. Pode-se muito bem supor que o próprio Amônio lhe tenha aconselhado essa expedição filosófica, essa "peregrinação às fontes" da sabedoria oriental, que, desde os tempos mais remotos, fascinava os filósofos gregos. O que não é claro na narrativa de Porfírio é a maneira como Plotino pôde se introduzir junto ao imperador Gordiano. Como observou R. Herder,[8] há, nessa aventura de Plotino, subentendidos políticos que nos escapam. Para que Plotino tenha podido participar dessa expedição e acompanhar o imperador, era necessário que ele já tivesse estreitas relações com os senadores próximos ao imperador. E o que confirma essa hipótese é a fuga de Plotino após o assassinato de Gordiano. Este foi morto em uma revolta dos seus soldados. O usurpador Filipe toma o poder. Plotino então foge – e com muita dificuldade – porque está comprometido com os partidários do imperador Gordiano. Não sabemos por que prefere ir em seguida para Roma, e não

---

[8] R. Herder, *Plotins Schriften*, V c, Hamburgo, Meiner, 1958, p. 84-85.

para Atenas, por exemplo. Mas, chegando à capital do Império, Plotino talvez não fosse "um alexandrino desconhecido e modesto".[9] Se, como é possível supor, ele tivesse já no Oriente contatos com a aristocracia senatorial, não é surpreendente que se encontre em Roma em estreitas relações com personagens como Castrício Firmo, Marcelo Orôncio, Sabinilo e Rogaciano,[10] que pertencem a esse meio.

Quanto ao ascetismo plotiniano, não há nada de mórbido ou doentio. Nada se encontra que não esteja conforme ao estilo de vida filosófico, tradicional há séculos.

Plotino não fala nem do seu nascimento, nem da sua pátria, nem de seus pais? Ele põe simplesmente em prática conselhos do estoico Epiteto:

> Se for verdade que há um parentesco entre Deus e os homens, como pretendem os filósofos, o que resta aos homens fazer senão imitar Sócrates, isto é, jamais responder a quem lhes indaga qual é seu país: "Sou cidadão de Atenas ou de Corinto", mas "Sou cidadão do mundo"? Se nos damos conta da organização do universo, se compreendemos que o que ultrapassa, domina e engloba todas as coisas é o "Todo" formado por Deus e os homens, que daí provêm as sementes geradoras não somente do meu pai ou do meu avô, mas de tudo o que, sobre a terra, tem vida e crescimento, especialmente os seres racionais, pois sós, por natureza, participam da sociedade divina, ligados que estão a Deus pela razão, por que não se dizer cidadão do mundo? Por que não se dizer filho de Deus? (Epiteto, *Dissertações* I 9, 1)

Plotino negligenciaria "as precauções higiênicas mais elementares"? É inexato. Plotino não dispensa cuidados corporais. Tem seus massagistas preferidos. Provavelmente são escravos pertencentes à casa de Gêmina, onde ele mora. É por certo na piscina particular dessa casa que ele se banha, antes de ser friccionado, segundo o uso romano. Mas Plotino não vai

---

[9] É. Bréhier, em sua introdução geral a *Plotin, Les Ennéades*, t. I, p. VI.
[10] Porfírio, V. P. VII, 24-31.

às termas, simplesmente porque esses estabelecimentos eram lugares de distração, de dissipação e de prazer. Releia-se a esse respeito a carta 56 de Sêneca, que descreve o barulho ensurdecedor que ressoa em um banho público próximo da sua casa, as batidas das mãos dos massagistas, a respiração forte dos ginastas, os brados dos vendedores de salsicha ou de bebidas, os gritos estridentes dos depiladores e os berros dos depilados, os protestos dos ladrões presos em flagrante, os escândalos dos brigões. Plotino nunca aceitaria se misturar a esse tumulto, mesmo quando seus massagistas habituais foram levados pela epidemia de peste.

Ele come pouco e dorme pouco? Ainda aqui não há nada de extraordinário. O hábito do vegetarianismo havia sido implantado há muito tempo, sob a influência do pitagorismo. Não era por ascetismo, mas por cuidados com a saúde, que se contentavam com um regime frugal. O próprio Plotino relembra-se disso, atacando os gnósticos que tencionavam curar as doenças com exorcismos: "Quando dizem que se purificam das doenças, se dissessem que é graças à temperança e a um regime bem regrado, eles o diriam com razão, como o fazem os filósofos" (II 9, 14, 11-13).

Quanto ao sono, Platão já havia dito nas *Leis*[11] que "dormir muito não convém nem ao corpo nem à alma" e que é necessário "resguardar apenas o sono que é útil para a saúde; ora, isso não é muito, uma vez que tenha se tornado um hábito!". Havia, no círculo de Plotino, um exemplo vivo dos benefícios corporais proporcionados pelo ascetismo:

> Rogaciano era membro do Senado. Tinha uma aversão de tal modo avançada pela vida deste mundo que renunciou a todos os seus bens, despediu todos os seus servidores e renunciou inclusive à sua posição. E, no momento em que deveria sair de casa para assumir suas funções de pretor, quando já estavam presentes os litores, não apareceu e não se preocupou com seu cargo. Inclusive sequer quis mais morar na sua

---

[11] Platão, *Leis*, VII, 808 b-c.

própria casa. Mas ia à casa de amigos ou parentes, fazia as refeições e ali dormia. Alimentava-se somente dia sim, dia não. Certamente graças a essa renúncia e a essa despreocupação com respeito à vida cotidiana, ele, outrora tão doente da gota que devia ser carregado em uma liteira, recuperou a saúde; e, quando não era mais sequer capaz de abrir a mão, adquiriu mais facilidade de se servir dela do que os que praticam sua arte com o auxílio das mãos. Plotino o estimava muito, elogiava-o continuamente, apresentava-o como bom exemplo aos filósofos. (V. P. VII, 31-46)

Parece, enfim, difícil dizer que haja, em Plotino, uma complacência mórbida pelos estados doentios. Releiamos, por inteiro, o texto ao qual Émile Bréhier aludia:

> O homem deste mundo bem pode ser belo, grande, rico e comandar todos os outros homens: pois ele é precisamente do "lugar daqui".[12] Que não invejemos nele essas coisas, que o cegam! No que tange ao sábio, pode acontecer de ele não obter essas coisas desde o início; mas, se elas lhe sobrevêm em seguida, ele próprio buscará enfraquecê-las, se tiver cuidado consigo mesmo. Enfraquecerá e se esgotará, negligenciando o *excesso de vitalidade* do corpo; renunciará aos cargos públicos. *Vigiando sua saúde*, não vai querer ficar completamente sem experiência das doenças. E tampouco vai querer ficar sem experiência dos sofrimentos. Se nunca os experimentou, vai querer conhecê-los em sua juventude; mas, tendo chegado à velhice, não vai querer mais ser perturbado pelos sofrimentos e prazeres, nem por nenhum desses estados agradáveis ou dolorosos que sentimos aqui, a fim de não ser obrigado a dirigir sua atenção para o corpo. Quando experimentar os sofrimentos,[13] *oporá a eles o poder que adquiriu para lutar contra eles*. Prazer, saúde, ausência de sofrimento não acrescentam nada à sua felicidade; os estados contrários não lhe retiram nada e não a enfraquecem. Se a uma só e mesma coisa

---

[12] Platão, *Teeteto*, 176 a.

[13] Esse tratado foi escrito nos últimos anos da vida de Plotino, no momento em que foi acometido pela doença e pelo sofrimento.

um contrário não acrescenta nada, como outro contrário lhe retiraria algo? (I 4, 14, 14-31)

Plotino, como se vê, não busca a doença, o sofrimento e a feiura por si mesmos. Não é o corpo que ele combate, mas um excesso de vitalidade física que provocaria o risco de desequilibrar a alma em seu voo em direção à contemplação do Bem. É preciso habituar-se a não mais prestar atenção ao que o corpo experimenta; tornar-se indiferente ao prazer e à dor, para não se desviar da contemplação. É então preciso habituar-se a "querer" o sofrimento e a dor quando ainda se é jovem, para não ser surpreendido quando elas chegarem naturalmente na velhice.

Este é um exercício espiritual bem conhecido dos estoicos: a "premeditação". É preciso querer de antemão os acontecimentos desagradáveis a fim de melhor suportá-los quando acontecerem inopinadamente. A liberdade deve estar à frente daquilo que corre o risco de inibi-la.

Poder-se-iam encontrar na ascese plotiniana outros exemplos de exercícios espirituais célebres entre os estoicos. Se, por exemplo, Porfírio nos diz de Plotino que "a atenção a si mesmo nunca relaxava", que sua "tensão em direção ao Espírito nunca cessava quando estava desperto",[14] ele alude simplesmente, empregando essas palavras (atenção = *prosochè*, tensão = *tasis*), ao vocabulário técnico que designava a vigilância, isto é, a atitude fundamental do sábio estoico.

A tensão perpétua de Plotino não é então mais excepcional que a de Marco Aurélio ou de Epiteto. Mas, ao passo que a atenção constante do estoico se volta para os acontecimentos da vida cotidiana, nos quais ele se esforça incessantemente para reconhecer a vontade de Deus, a atenção plotiniana está voltada para o Espírito. Ela é um esforço sempre renovado para permanecer na contemplação do Bem. Poder-se-ia acreditar então que ela se desvia do real, que ela foge dele, que ela se refugia na abstração, que ela exige então mais concentração e fadiga que a atenção estoica.

---

[14] V. P. VIII, 20 e IX, 17.

Ora, não é nada disso. Há na sabedoria de Plotino algo de doce, de sorridente, de benevolente, um sentido do real, um tato, que não tem nada a invejar da delicadeza e da doçura de Marco Aurélio.[15] Antes de compreender de onde vem essa doçura, é preciso reconhecer todos os seus aspectos.

\*\*\*

Simplicidade, amplitude de espírito, benevolência, simpatia atenta, tal é o segredo da pedagogia plotiniana. "Era permitido a quem quisesse ir aos seus cursos" (V. P. I, 13). Talvez bastasse afastar a cortina que, com frequência nessa época, separava a sala de aula da rua. Uma vez dentro, podia-se interrogar o mestre como bem se entendesse: "Ele pedia aos seus ouvintes que fizessem perguntas. Assim seu curso era bastante desordenado e as conversações lá não faltavam" (V. P. III, 35-38).

Isso, aliás, não era do agrado de todo mundo. Os amantes de novidades e de bela linguagem ficavam decepcionados:

> As pessoas de então, seus contemporâneos, afirmavam que ele se exibia pilhando doutrinas de Numênio[16] e, ademais, consideravam que ele falava muito para nada dizer, e eles o desprezavam porque não compreendiam o que ele queria dizer e porque ele mesmo se conservava puro de toda teatralidade retórica e de toda pretensão: seus cursos aparentavam simples conversas e ele não revelava rapidamente os encadeamentos lógicos necessários dos argumentos que utilizava e que estavam implicados no seu raciocínio. Eu mesmo, aliás, experimentava esta impressão, eu, Porfírio, quando o escutei pela primeira vez. (V. P. XVIII, 2-10)

Porfírio, aliás, não demorou a ser um interlocutor privilegiado, mas isso não desarmou os descontentes, bem ao contrário.

---

[15] Cf. P. Hadot, *La Citadelle Intérieure*, Paris, 1992, p. 238-244.

[16] Numênio de Apameia (na Síria), filósofo platônico e neopitagórico da segunda metade do século II d.C. Os fragmentos das suas obras foram editados e traduzidos por É. des Places, sob o título Numênio, *Fragments*. Paris, Les Belles Lettres, 1973.

Apesar da paciência indefectível de Plotino, certos ouvintes ficavam desconcertados por esta maneira de ensinar:

> Ele se mostrava cheio de benevolência quando lhe faziam perguntas e ele prestava uma atenção incansável. Três dias duraram enquanto eu, Porfírio, o interrogava sobre o modo como a alma está unida ao corpo, e ele continuava sua demonstração. Alguém de nome Taumásio entrou então na sala de aula e declarou que queria escutar Plotino tratar de assuntos gerais e falar sobre textos,[17] pois essas questões e respostas trocadas entre Porfírio e Plotino eram insuportáveis. Plotino respondeu: "Mas, se eu não tivesse que resolver os problemas que Porfírio me propõe, eu seria incapaz de dizer o que quer que seja sobre o texto". (V. P. XIII, 10-16)

Os ouvintes nem sempre faziam perguntas. Por vezes, um aluno lia o comentário de um texto de Platão ou de Aristóteles por um dos grandes exegetas do II ou III século, tal como Alexandre de Afrodísia ou Numênio. Plotino a seguir tomava a palavra:

> Ele não pegava absolutamente nada emprestado a esses comentários, mas era pessoal e independente na sua reflexão teórica, trazendo nas suas investigações o espírito de Amônio. Ele concluía rapidamente sua fala: após ter dado em poucas palavras o sentido de uma teoria profunda, se levantava.[18] (V. P. XIV, 14-18)

Plotino vai sempre ao essencial. Sua contemplação não se interrompe. Ele não se ocupa com a forma literária. Mas sua paixão pelo objeto no qual ele se absorve lhe dá uma eloquência natural.

Nas suas aulas, ele tinha uma grande facilidade de se expressar e a capacidade de encontrar e de bem conceber o que

---

[17] Em vez de "falar sobre textos", alguns intérpretes traduziram: "falar de modo que se possa tomar notas". Mas parece não haver nenhum paralelo textual que justifique essa tradução. Para outros problemas de tradução, cf. M.-O. Goulet-Cazé, "L'Arrière-plan Scolaire de la *Vie de Plotin*", Porfírio, *Vie de Plotin*, t. I, p. 268, n. 1 e 2.

[18] Cf. M.-O. Goulet-Cazé, op. cit., p. 262.

era útil [à sua exposição]. Mas na pronúncia ele cometia alguns erros... que, aliás, repetia escrevendo. Quando falava, sua inteligência como que se tornava visível, ela fazia sua luz brilhar até mesmo sobre seu rosto. Sempre agradável de ver, ele se tornava então verdadeiramente belo. Um pouco de suor corria-lhe sobre o rosto, sua *doçura* transparecia. (V. P. XIII, 1-8)

Havia certa ideia da filosofia, isto é, ao mesmo tempo do tom que deviam ter os discursos filosóficos e da atitude que devia ser a dos filósofos em sua maneira de viver. Denunciando o que considerava arrogância e orgulho dos gnósticos, ele dizia aos seus discípulos:

> O estilo da filosofia que perseguimos, além dos seus outros méritos, se dá a conhecer pela simplicidade dos modos acrescida à pureza do pensamento. Nossa filosofia busca a dignidade, não a arrogância: se ela nos dá confiança, é uma confiança acompanhada de razão, de muita prudência sólida e de uma grandíssima circunspecção. (II 9, 14, 38-43)

Plotino condena tanto a pretensão dos sofistas quanto a presunção dos gnósticos. Cabe pensar nas palavras de Marco Aurélio:[19] "Simples e modesta é a obra da filosofia. Não me leva a tomar ares solenes". Plotino experimenta profundo desdém pelo que é puramente exterior, se recusa a seduzir, a forçar a adesão, a impô-la por meio de arrogância ou afetação exteriores, a buscar iludir pelos prestígios da forma. Encontra-se a mesma atitude na sua atividade literária:

> Na sua maneira de escrever, ele mostrava concisão, profundidade de sentido, brevidade, riqueza de pensamentos mais que de palavras. Escrevia a maior parte do tempo em um estado de inspiração e enlevo. (V. P. XIV, 1-3)

> Uma vez escrito, nunca passava a limpo seu texto, voltando a ele uma segunda vez. Mas, aliás, ele nunca chegava a lê-lo e percorrê-lo de uma ponta a outra, porque sua visão não lhe permitia ler comodamente. E, quando escrevia, era sem visar

---

[19] Cf. *Meditações*, IX, 29.

a beleza no traçado das letras, sem separar claramente as palavras, sem se preocupar com a ortografia. Ele só pensava no sentido. E este modo de proceder que surpreendia a todos nós, ele o manteve até a morte.[20] (V. P. VIII, 1-8)

Seus escritos procedem de uma meditação interior tão intensa que nunca se interrompe, mesmo durante uma conversa:

> Completava em si mesmo, inteiramente, sua pesquisa, do começo ao fim, depois ele confiava seu resultado à escrita; colocava então por escrito tudo o que havia posto em ordem na sua alma, de uma maneira tão contínua que se poderia acreditar que copiava de um livro o que escrevia. Pois, mesmo quando conversava com alguém e mantinha uma conversação longa, estava sempre com o assunto da pesquisa. Ele satisfazia às necessidades da conversa e, ao mesmo tempo, continuava de uma maneira ininterrupta sua reflexão sobre o que havia se proposto a pesquisar. Tendo seu interlocutor partido, sem mesmo rever o que já tinha escrito (como já dissemos, sua visão não lhe permitia essa revisão), ele encadeava imediatamente o que devia seguir, como se a conversação não o tivesse interrompido. Assim, ele estava ao mesmo tempo presente a si mesmo e ao outro. (V. P. VIII, 8-20)

Excelente fórmula! Como ela resume admiravelmente todo o segredo de Plotino!

Por certo há aí um dom excepcional, os discípulos de Plotino deram-se conta disso. Mas essa extraordinária força do espírito parece proceder, de algum modo, de uma exigência moral. Plotino não quer deixar sua contemplação, mas ele não quer tampouco se recusar ao outro. E tudo se passa como se a disponibilidade total, na qual ele se estabeleceu em relação a Deus, lhe permitisse, e mesmo o condenasse, a ficar também em um estado de disponibilidade total em relação aos outros.

\*\*\*

---

[20] Sobre os problemas postos por esse texto, cf. M.-O. Goulet Cazé, op. cit., p. 282 e D. O'Brien, "Comment Écrivait Plotin", Porfírio, *Vie de Plotin*, t. I, p. 329-367. Minhas traduções são inspiradas pelos trabalhos desses dois autores.

Diretor de consciência, Plotino guarda essa benevolência, essa doçura, esse respeito pelo outro.

Ele toma cuidado para fazer seus discípulos trabalharem individualmente. Amélio, por exemplo, foi incumbido de responder por escrito a Porfírio que, recém-chegado à escola, tinha dificuldades em admitir um dos pontos importantes do ensinamento de Plotino. Lembremos igualmente o incidente do orador Diófanes. Plotino, escandalizado por sua apologia de Alcibíades, pediu a Porfírio que escrevesse uma refutação. Da mesma maneira, Porfírio foi incumbido de fazer para Plotino um relatório sobre os tratados que um filósofo de Atenas, Eubulo, havia enviado ao seu mestre. Combatendo os gnósticos, Plotino refuta nos seus cursos e em um tratado o essencial da doutrina deles, e deixa a Amélio e Porfírio o cuidado de examinar o conjunto dos seus escritos e de discuti-los. É preciso acrescentar a isso as notas tomadas nos cursos e a revisão dos tratados escritos por Plotino.[21]

Porfírio sublinha, aliás, com vaidade, os encorajamentos benevolentes que recebeu do seu mestre. Nessa ocasião, nos fornece um quadro bastante vivo da escola:

> Ele não revelou a ninguém nem o mês em que nasceu, nem o dia do seu aniversário, porque não queria que se fizesse um sacrifício, ou que se oferecesse um banquete pelo seu aniversário, ainda que, nos aniversários tradicionais de Platão e de Sócrates, Plotino oferecesse um sacrifício em sua honra e convidasse seus companheiros a um banquete, ao longo do qual os mais capazes deviam ler um discurso diante da assembleia. (V. P. II, 38-43)

Em uma festa de aniversário de Platão, li um poema intitulado *O Casamento Sagrado*. Muitas coisas nele foram ditas, sob o efeito da inspiração na linguagem dos mistérios e com um sentido oculto. Um ouvinte disse então: "Porfírio ficou louco". Plotino declarou, de modo a ser ouvido por todos: "Revelaste tudo o que tu és: poeta, filósofo e hierofante". (V. P. XV, 1-6)

---

[21] V. P. XVIII, 14; XV, 6 e 18; XVI, 9; III, 46; VII, 51.

E já encontramos essas anedotas que nos descrevem Plotino repetindo, a respeito de Porfírio, este verso de Homero: "Atira também tuas flechas se queres te tornar uma luz para os homens", ou respondendo a Taumásio: "Mas, se eu não tivesse que resolver os problemas que Porfírio me propõe, eu seria incapaz de dizer o que quer que pudesse ser anotado".

Por trás dessa insistência de Porfírio de se valorizar, adivinham-se as rivalidades internas da escola, muito especialmente o ciúme que Porfírio sentia de Amélio, que, quando Porfírio chegou a Roma, já conhecia Plotino há 18 anos. Em todas as escolas, espirituais, filosóficas, essas são coisas correntes. Mas Plotino parece não ter preferência. Ele aceita cada qual tal como é, e tenta conduzi-lo para desenvolver o que há de melhor em si.

Frequentemente, diz-se que Plotino vivia em um círculo estreito e confinado. J. Bidez fala de um "conventículo", de um "pequeno cenáculo de pessoas pálidas e enclausuradas".[22] E o Dr. Gillet discerne, nessa preferência dada ao grupo fechado de seus discípulos, um sintoma de um estado nervoso ligado à tuberculose.

Mas, aqui ainda, a narrativa de Porfírio foi mal interpretada. Ele distingue os numerosos ouvintes e o grupo de adeptos, que é restrito;[23] Mas contudo, essa distinção pode ser feita em qualquer escola filosófica da Antiguidade, sobretudo da Antiguidade tardia. Não se deve imaginar o filósofo de então conforme o modelo do professor universitário que daria cursos públicos. Já dissemos, é um mestre de vida espiritual. Alguns o escutam, mas não se convertem. Outros mudam totalmente de vida, entram na sua escola, recebem seus conselhos, querem viver próximos a ele. Tornam-se seus companheiros (*hétairoi*), mas também seus adeptos (*zelotai*).[24] Não é uma doutrina que eles adotam, é um gênero de vida. Assim já faziam os discípulos de Musônio Rufo ou de Epiteto.

---

[22] J. Bidez, *Vie de Porphyre*, Gand, 1913, p. 39.
[23] V. P. VII, 1.
[24] V. P. II, 42 e VII, 1.

Porfírio nos diz igualmente que os escritos de Plotino só eram acessíveis aos adeptos:

> Como eu constatava, estes livros só eram confiados a um pequeno número de pessoas. A sua transmissão não era fácil e não se fazia na boa-fé, não era nem simples, nem natural, e escolhia-se cuidadosamente quem os recebia. (V. P. IV, 14-17)

Ao próprio Porfírio, só foram comunicados quando ele provou que havia compreendido bem o pensamento do mestre. Depois de ter escutado Plotino pela primeira vez, ele compôs um escrito para discutir um ponto de doutrina que não podia admitir:

> Plotino fez Amélio ler para ele minha obra, depois disse sorrindo: "Cabe a ti, Amélio, resolver as dificuldades que ele encontrou porque ignora nossas opiniões". Amélio escreveu um livro bastante longo contra minhas objeções; por meu turno, fiz uma réplica ao seu escrito. Amélio respondeu ainda ao meu livro. Enfim, compreendi com dificuldade a doutrina de Plotino e mudei de opinião. Compus uma palinódia que li no curso. Desde essa época, os livros de Plotino me foram confiados. (V. P. XVIII, 11-20)

Mas, para compreender o que Porfírio quer dizer aqui, é preciso lembrar como era a publicação de um livro na Antiguidade. Não nos esqueçamos de que naquela época as obras eram manuscritas, que se podia copiá-las e falsificá-las à vontade. Publicar um livro[25] era então, quase sempre, confiá-lo a um círculo de amigos que se encarregava de assegurar sua difusão, com discernimento. Para o filósofo, esse círculo de amigos era evidentemente o grupo dos seus verdadeiros discípulos, daqueles que haviam compreendido sua doutrina. Só eles eram capazes de atestar a autenticidade das suas obras, de fazer copiá-las e fazê-las conhecidas. Ademais, o filósofo não escrevia para a humanidade inteira, para um auditório universal. Valia mais que respondesse por escrito às questões feitas por seus discípulos. Oriundas de circunstâncias particulares,

---

[25] Cf. E. Arns, *La Technique du Livre d'après Saint Jérôme*, Paris, 1953, p. 81-89; M.-O. Goulet-Cazé, op. cit., p. 284-287, e bibliografia, p. 143.

essas produções literárias se endereçam a um auditório particular, senão a um único indivíduo:

> Plotino decidira escrever sobre os assuntos que se apresentavam... (V. P. IV, 11) Muitas pesquisas foram feitas nas reuniões com ele, e Amélio e eu rogamos a ele que as redigisse... (V, 5) Estes escritos tinham por assunto os problemas que se apresentavam. (V, 60)

O pequeno grupo de discípulos é assim, ao mesmo tempo, o depositário e o destinatário dos escritos do mestre. Vigiando para que essas obras não sejam comunicadas para qualquer um, Plotino só está se conformando a uma prática muito comum e da qual se compreenderá facilmente a utilidade. Temos, por exemplo, uma carta de Santo Agostinho que dá a lista dos amigos aos quais se poderia comunicar um dos seus escritos.[26]

Se Porfírio insiste sobre esse ponto é porque tenciona sublinhar, para seus leitores, a importância que ele tinha na escola. Não somente Plotino permitira que seus escritos lhe fossem transmitidos, o que já era um privilégio, mas o havia encarregado de revisá-los e de preparar sua edição definitiva. Notemos, de passagem, a sabedoria do diretor de consciência: Porfírio é bom filólogo, é preciso dar a ele a oportunidade de exercer seu talento próprio.

De fato, mesmo durante a vida de Plotino, a difusão de seus escritos havia ultrapassado o círculo dos seus discípulos imediatos. Vemos alguém que não está absolutamente convertido às ideias de Plotino, o orador e filósofo ateniense Longino, antigo mestre de Porfírio, escrever a ele para pedir que envie alguns tratados do nosso filósofo, que se acrescentariam àqueles que Amélio já lhe havia transmitido.[27]

Não se pode concluir, só do fato que Plotino supervisionava a difusão dos seus tratados, que ele só pudesse viver na atmosfera rarefeita de um pequeno cenáculo.

---

[26] Ver H.-I. Marrou, *La Technique de l'Édition à l'Époque Patristique*, em *Vigiliae Christianae*, 3, 1949, p. 217.

[27] V. P. XIX, 6.

Aliás, se lemos atentamente a lista dos seus adeptos, tal como Porfírio nos apresenta, percebemos haver nesse grupo personagens muito diversos. Alguns amigos, os mais próximos de Plotino, nem mesmo estão verdadeiramente convertidos à filosofia. A distinção entre ouvintes e adeptos nem sempre sequer é muito definida:

> Havia numerosos ouvintes.[28] Mas, como adeptos verdadeiros, que o frequentavam pela vida espiritual, havia primeiro Amélio de Etrúria, cujo sobrenome era Gentiliano. Plotino preferia chamá-lo Amério (com um *r*), pois, dizia, era mais conveniente tirar seu nome de *amereia* (indivisibilidade) que de *ameleia* (negligência). Havia também um médico: Paulino de Citópolis. Amélio o chamava de "muito pequeno", e ele estava cheio de conhecimentos mal compreendidos. Mas Plotino também teve como discípulo outro médico, Eustóquio de Alexandria. Plotino o conheceu no final da sua vida. Eustóquio ficou cuidando dele até sua morte. Consagrando-se totalmente aos ensinamentos de Plotino, ele adquiriu a disposição de um verdadeiro filósofo. Frequentava-o também Zótico, crítico e poeta, que havia revisado as obras de Antímaco, e que transpôs de uma maneira muito poética, sob forma de poema, a história da Atlântida [extraída do *Crítias* de Platão]. Sua visão enfraqueceu, e ele morreu, pouco antes do óbito de Plotino... Teve também como companheiro Zeto, de origem árabe. Ele era casado com uma filha de Teodósio, o companheiro de Amônio. Também era médico, e Plotino gostava muito dele. Ele tinha uma atividade política, e tinha pelos negócios públicos um forte pendor; Plotino tentava redirecioná-lo. Plotino lhe era tão familiar que se retirava na sua propriedade de campo, seis milhas antes de chegar a Miturnas. (V. P. VII, 1-23)

Segue então a enumeração dos políticos, especialmente dos senadores, que eram ouvintes de Plotino: Castrício Firmo, Marcelo Orôncio, Sabinilo e Rogaciano, de quem já conhecemos a história.

---

[28] Sobre os personagens citados neste texto, cf. L. Brisson, "Prosopographie", em Porfírio, *Vie de Plotin*, t. I, p. 56-114.

Depois, ainda, um egípcio: "frequentava-o igualmente Serapião de Alexandria, que primeiro foi orador; ele assistia aos cursos de filosofia, mas nunca pôde se desligar da fraqueza de se consagrar aos negócios do dinheiro e à usura" (V. P. VII, 46-49).

E enfim: "Eu também, Porfírio de Tiro, ele me contava entre seus discípulos mais caros e quis me confiar a correção de seus escritos" (V. P. VII, 49-51).

Descobrimos, assim, um meio extremamente variado: verdadeiros filósofos, mas também médicos, filólogos, políticos, usurários. A amizade de Plotino não se dirige necessariamente àqueles que praticam melhor sua filosofia. Por exemplo, Zeto, que não se desligou totalmente das preocupações políticas, todavia lhe é muito familiar.

Não, Plotino não vive no meio de "pessoas pálidas e enclausuradas". A casa onde mora provavelmente ressoa a risadas, brincadeiras e gritos... Por certo, é bem grande, pois é a casa de Gêmina, uma mulher que, parece, pertencia à aristocracia romana. Mas Plotino está longe de estar sozinho aí:

> Muitos homens e mulheres das melhores famílias, próximos da morte, faziam levar até ele suas crianças, meninos ou meninas, e a ele as confiavam com toda sua fortuna, como se as tivessem confiado a um guardião sagrado e divino. Sua casa estava cheia de jovens meninos e meninas. (V. P. IX, 5-10)

Porfírio assinala o cuidado especial que Plotino dedicava aos seus pupilos: "Entre estes jovens, havia Pólemon: Plotino cuidava da sua educação e o escutava com frequência, mesmo quando ele fazia seus exercícios escolares" (V. P. IX, 10-11).

Esse papel de tutor o conduzia a múltiplas preocupações quanto à contabilidade:

> Ele tinha paciência para examinar as contas apresentadas por quem estava a serviço destas crianças e vigiava para que estivessem exatas. "Estas crianças ainda não são filósofas,

dizia, é preciso conservar intactos seus bens e seus rendimentos." (V. P. IX, 12-16)

Havia também os problemas domésticos:

> Um dia, roubaram um valioso colar de Quione, que vivia com seus filhos sob o mesmo teto de Plotino, com muita dignidade, no estado de viuvez. Trouxeram todos os escravos à presença de Plotino. Ele observou todos. Designando um entre eles, disse: "Eis o ladrão". O escravo, ainda que o chicoteassem, começou por negar, mas finalmente, confessou seu furto, buscou o colar e o devolveu. (V. P. XI, 2-8)

A propósito dessa história, Porfírio observa com razão que "Plotino tinha, num grau extraordinário, a capacidade de penetrar nos caracteres" (V. P. XI, 1).

É nos olhos que Plotino descobre o homem. Reencontramos aqui o tema do olhar: "Pode-se conhecer o caráter de um homem quando o olhamos nos olhos ou quando consideramos certas partes de seu corpo. Podemos ler os perigos que corre e os meios que tem de escapar deles" (II, 3, 7, 9-10).

Esse olhar de Plotino, diante do qual tudo está aberto, é um olhar que vem do alto e que alcança, por trás das aparências, a realidade espiritual. É assim que as almas veem no mundo inteligível:

> Mesmo aqui, sem que os homens falem, conhecemos deles muitas coisas pelos olhos. Mas, no mundo espiritual, todo o corpo é transparente, e cada ser é como um olho; não há nada mais oculto nem simulado, mas, antes que se fale a um outro, ele, vendo, conhece por inteiro (IV 3, 18, 19-22).

Esse olhar espiritual de Plotino, nós o vemos lançar sobre os que o cercam:

> Ele podia predizer o que aconteceria com cada uma das crianças que com ele viviam. De Pólemon, por exemplo, predisse que ficaria apaixonado e que viveria pouco tempo; o que ocorreu (V. P. XI, 8-11).

E o próprio Porfírio experimentou sua penetração:

> Um dia, ele sentiu que eu pensava em me suicidar. Subitamente, veio, enquanto eu estava em minha casa, e me disse que esse desígnio não procedia de um estado de alma verdadeiramente espiritual, mas que se tratava simplesmente de uma melancolia doentia.[29] Aconselhou-me a viajar. Obedeci e parti para a Sicília... Fui assim liberado do meu projeto de suicídio, mas isso me impediu de ficar perto de Plotino até a sua morte. (V. P. XI, 11-19)

Preciosa anedota! O discípulo vive uma crise espiritual muito grave: Plotino diz e repete que é preciso se separar do corpo; por que não fazê-lo voluntária e fisicamente, de uma vez, por que não fugir daqui, quando se está cansado do corpo e da vida? Os estoicos não disseram que o sábio é livre para sair deste mundo quando quer? Mas que surpresa, quando se ruminam esses negros pensamentos, ver Plotino dirigir-se a ti e te dizer: "O que tu meditas não vem do Espírito, mas do corpo; sim, de um mau estado da bile"! Surpresa ter de se ver adivinhado até o mais profundo de si, surpresa também saber que "é só isso", surpresa enfim escutar a proposição de um remédio tão simples! E, no entanto, esse remédio revira toda a existência. Há 6 anos, esforça-se para obter o primeiro lugar na escola, faz um esforço contínuo de pesquisa intensa, de ascese e de meditação. E o mestre te envia para longe dele, para "tomar um ar".

Que profundeza, que delicadeza e que bom senso tem a direção espiritual de Plotino! Não somente ele adivinha a crise interior, mas compreende seu verdadeiro significado. Porfírio se crê sinceramente movido pelo Espírito. Plotino vê imediatamente que não é nada disso, mas ele sabe igualmente que Porfírio não é responsável por esse estado: é uma doença; é preciso tratá-la como tal. O remédio será simples: mudar as ideias, viajar. Mas, dessa viagem, Porfírio por certo tirará um

---

[29] Sobre esse assunto, cf. R. Goulet, "Variations Romanesques sur la Mélancolie de Porphyre", *Hermès*, t. 110, 1982, p. 443-457, e H. D. Saffrey, "Pourquoi Porphyre a-t-il Édité Plotin?", em Porfírio, *Vie de lotin*, t. II, p. 43.

proveito espiritual: ele encontrará a si mesmo, longe da febre de Roma, longe das ambições e das rivalidades, que talvez sejam a verdadeira causa da sua melancolia.

Plotino não é, então, um sábio retirado em sua torre de marfim: na casa de Gêmina, estão aqueles órfãos, aquela Quione com seus filhos, aqueles escravos que roubam, aqueles discípulos que eventualmente conhecem dramáticas crises de consciência:

> E, no entanto, ainda que ele socorresse tantas pessoas nas preocupações e nos cuidados da vida, nunca deixou relaxar, porque vigiava, a tensão da sua alma em direção ao Espírito. Era *doce* e sempre estava à disposição de todos que, de qualquer maneira que fosse, entravam em relação com ele. Também durante os 26 anos que viveu em Roma, ainda que tenha desempenhado o papel de árbitro em tantas querelas, não fez nenhum inimigo entre os homens que tinham negócios políticos. (V. P. IX, 16-22)

\*\*\*

Essa doçura de Plotino é uma atitude consciente que supõe toda sua experiência espiritual.

É preciso aceitar o mundo sensível porque ele é manifestação do mundo das Formas:

> Eles [os gnósticos] talvez digam que seus discursos têm por efeito fazer fugir para longe do corpo, distanciando-se dele com raiva, ao passo que nossos discursos retêm a alma próxima a ele. Mas é como se dois homens morassem na mesma casa. Um [o gnóstico] criticaria a construção e o construtor, continuando a morar ali; outro [o platônico] não os critica. Ele diz inclusive que o arquiteto a construiu com muita arte; e espera que venha o tempo em que partirá dali, quando não mais terá necessidade de casa. (II 9, 18, 1-9)

Quem reclama da natureza do mundo não sabe o que faz e nem até onde vai sua audácia. É que ele ignora a ordem contínua das coisas, das primeiras às segundas, depois às terceiras, e assim por diante até as últimas, e ele não sabe que não deve insultar seres porque são inferiores aos primeiros; mas é preciso aceitar com *doçura* a natureza de todos os seres. (II 9, 13, 1-6)

É preciso aceitar seu próprio corpo com doçura: o sábio sabe, com efeito, que basta se recolher para que a parte inferior de si mesmo se tranquilize e o deixe entregue à sua contemplação. Mas, se o corpo ainda vem perturbá-lo, ele suportará pacientemente:

> Poder-se-ia dizer que, para se separar do corpo, a alma deve se concentrar em si mesma a partir de todos os pontos do corpo;[30] em todo caso, ela deve se manter livre de toda paixão, proporcionando-se somente as sensações de prazer que são remédios ou apaziguamentos das dores e lhe são necessárias para não ser perturbada. Quanto aos sofrimentos, ela deve eliminá-los totalmente, e, se isso não for possível, suportá-los com *doçura*, e enfraquecê-los esforçando-se para não ser afetada por eles. (I 2, 5, 5-14)

Plotino especifica a seguir como a alma deverá ficar independente da sua parte inferior, cujas potências do desejo e da agressividade agitam o corpo. Depois, ele continua:

> Em suma, a alma ficará pura de todas essas coisas. Mas ela vai querer também purificar a sua própria parte inferior, de modo que mesmo esta parte não seja mais perturbada, ou, senão, de modo não violento: estas oscilações serão raras e serão rapidamente acalmadas pela vizinhança da alma. (I 2, 5, 21-24)

O sentido profundo dessa doçura para consigo mesmo nos é dado nas linhas que seguem:

> A parte inferior da alma será como um homem que vive próximo de um sábio e que aproveita essa vizinhança: ou torna-se parecido com ele, ou o respeita de tal modo que não ousa nada fazer daquilo que esse homem de bem não quer que ele faça. *Não haverá então combate interior. Basta que a Razão*

---

[30] Cf. Platão, *Fédon*, 67 c.

*esteja presente*; a parte inferior a respeitará, de modo que, se ela for perturbada por qualquer coisa, ela mesma se irritará por não ter ficado em repouso na presença de seu mestre, e ela mesma reprovará sua fraqueza. (I 2, 5, 25-31)

Aproximamo-nos aqui do segredo da doçura plotiniana. O sábio, só com a presença da sua vida espiritual, transforma tanto a parte inferior de si próprio quanto dos homens que dele se aproximam. É que, de um ponto a outro da realidade, a ação mais eficaz é presença pura. O Bem age sobre o Espírito só com sua presença e o Espírito age sobre a alma, a alma sobre o corpo, só com sua presença.

Na ascese plotiniana, não há então luta contra si mesmo, não há "combate" espiritual. Basta que a alma contemple, basta que ela se volte para Deus, para que o ser inteiro, até mesmo nas suas partes mais inferiores, seja transformado.

Poder-se-ia pensar que essa contemplação absorve a alma e a impede de prestar atenção nas coisas exteriores. Mas a vida de Plotino testemunha que – quando certo nível de pureza interior é alcançado, quando a contemplação tornou-se contínua, quando o olhar foi purificado e se tornou como que luminoso, a atenção ao Espírito não exclui a atenção ao outro, ao mundo, ao próprio corpo. É por uma mesma disponibilidade, uma mesma espera amorosa, que se está presente ao mesmo tempo ao Espírito e aos outros. Essa atenção é a doçura. O olhar, transformado, percebe, brilhando sobre tudo, a graça que Deus manifesta. Estabelecido no Bem, o olhar de Plotino vê, de algum modo, as coisas nascerem a partir do Bem. Não há mais então nem fora, nem dentro, mas uma só luz pela qual a alma apenas experimenta doçura: "Quanto melhor se é, mais se é benevolente com todas as coisas e com todos os homens" (II 9, 9, 44-45).

Plotino experimentou – eis aqui toda sua vida – que a doçura, como a graça, anuncia a presença do Princípio de todas as coisas: "O Bem é pleno de doçura, de benevolência e de delicadeza. Ele está sempre presente à disposição de quem o deseja" (V 5, 12, 33-35).

# 7. Solidão

> *"Fugir só para o Só."*
> (VI 9, 11, 50)

Na vida de Plotino, há um sonho, um sonho de nome um pouco pomposo, mas evocador, Platonópolis:

> Plotino era muito estimado e venerado pelo imperador Galieno e sua esposa Salonina. Ele aproveitou esta amizade para pedir que fosse restaurada uma cidade de filósofos[1] que, dizia-se, existira na Campânia e que, aliás, estava completamente destruída. Dar-se-ia à cidade reconstruída o território vizinho. Seus habitantes deveriam viver conforme as leis de Platão e ela receberia o nome de Platonópolis. Ele prometia retirar-se para lá com seus discípulos. Este desejo do filósofo teria sido facilmente realizado se alguns personagens do círculo do imperador, por ciúme, malevolência ou qualquer motivo mau, não se tivessem oposto. (V. P. XII, 1-12)

Quais foram as verdadeiras razões desse fracasso? Os conselheiros de Galieno compreenderam imediatamente que Plotino "não tinha as qualidades de um fundador de cidades"?[2]

---

[1] Cf. Porfírio, *Vie de Plotin*, t. II, p. 258-259. Sobre Platonópolis, cf. a bibliografia de L. Brisson em Porfírio, *Vie de Plotin*, t. I, p. 121-122.

[2] É. Bréhier, *Plotin, Les Ennéades*, t. I, p. XIII.

O próprio imperador queria marcar, dessa maneira, sua hostilidade ao meio senatorial que tinha tendência a se reunir em torno de Plotino e que teria encontrado um ponto de apoio territorial na nova cidade platônica?[3]

Como quer que seja, essa história permanece muito enigmática. É difícil saber o que Plotino queria fazer exatamente. Falou-se: "Platonópolis é a cidade platônica tornada convento".[4] Isso certamente é verdade e não tem nada de extraordinário nessa época. Há séculos, tais comunidades de aspecto conventual já existiam e pareciam oferecer condições ideais para praticar uma vida filosófica. Houve, por exemplo, as comunidades pitagóricas ou os conventos essênios. De maneira geral, a atração de um tempo livre para dedicar aos estudos, de uma vida totalmente contemplativa, cujo prazer puro da amizade espiritual seria ainda mais realçado, exerce-se em toda a Antiguidade e parece crescer no final do Império romano. Cem anos depois de Plotino, Agostinho também sonhará, antes da sua conversão, com um falanstério de filósofos, onde, no tempo livre e na comunidade total de bens, ele teria, com seus amigos, fugido "da agitação e dos obstáculos da vida humana".[5] E ele realizará em parte esse ideal na propriedade de Verecundo em Cassicíaco. No caso de Plotino, é difícil especificar exatamente as dimensões do seu sonho. Tratava-se realmente de uma cidade inteira, na qual habitantes viveriam segundo as leis de Platão, as da *República* ou as que estavam expostas no diálogo das *Leis*? É muito pouco provável. Plotino evoca uma vez a figura de Minos, o legislador mítico que teria editado suas leis, sob a inspiração do contato que tivera com o divino. Mas se vê bem pelo contexto que ele se pergunta, sobretudo, se o contemplativo pode se desviar da contemplação para anunciar a outros o que ela é:

> Estando unido a Ele, de algum modo tendo tido suficiente contato com Ele, é preciso retornar para anunciar a outros, se isto for possível, o que é o contato que se teve lá – talvez

---

[3] R. Harder, *Plotins Schriften*, t. V c, p. 321.
[4] É. Bréhier, op. cit., p. XIII.
[5] *Confissões*, VI, 14, 24.

porque Minos também conhecera esse contato que se tem lá que se disse que era o "familiar de Zeus"⁶ e que, lembrando-se disso, editara suas leis, como imagens deste contato, tendo sido fecundado por esta legislação pelo toque do divino –, a menos que, estimando-se as ocupações políticas⁷ indignas de si, prefira-se permanecer sempre lá, e seria este o estado que poderia ser o de "quem muito viu".⁸ (VI 9, 7, 21-28)

É então provável que Plotino pensasse em reunir apenas um grupo de filósofos que teria dotado o modo de vida platônico. Pode-se mesmo supor que ele tinha em vista a restauração de um conjunto de prédios que Cícero fizera construir entre Cumas e Basoli⁹ para ali instalar uma espécie de Academia platônica, destinada aos debates filosóficos. Seu sonho teria consistido então em fazer reconstruí-los e em ali viver com seus discípulos.

Esse sonho fracassou e então é ainda mais emocionante ver Plotino, avançando para o fim da sua vida, aprofundar-se na solidão e no sofrimento.

No início do ano de 268, o próprio Plotino aconselhou Porfírio a deixá-lo e viajar. No mesmo ano, ou no ano seguinte, Amélio,¹⁰ por seu turno, o deixa e vai encontrar Longino, que estava em Tiro, na Fenícia, próximo da rainha Zenóbia. Os alunos preferidos de Plotino estão, portanto, longe dele.¹¹ Então é que a doença o toma.

Pouco a pouco se instalou nele uma angina muito selvagem. Enquanto estive perto dele, nada havia aparecido ainda.

---

⁶ *Odisseia*, XIX, 179. Pseudo Platão, *Minos*, 319 d-e.

⁷ Em Plotino, *Traité 9*, p. 98-99, propus uma tradução, fazendo de Minos o sujeito de "estima" e de "prefere". Mas penso, finalmente, com D. O'Meara (opinião expressa em uma conferência feita na École Normale Supérieure em 1996), que é preferível pensar que quem se uniu ao Um pode estimar as ocupações políticas indignas dele.

⁸ *Fedro*, 248 d 2.

⁹ Cf. M. Gigante, "L'Accademia Flegrea da Cicerone a Plotino", *Momenti e Motivi dell'Antica Civilità Flegrea*, Nápoles, 1986, p. 84 85.

¹⁰ Cf. Brisson, "Amélius", *Aufstieg und Niedergang der römischen Welt*, Teil II, *Principat*, Band 36, 2, p. 800.

¹¹ M. Wundt (*Plotins Leben*, Leipzig, 1919, p. 45) pensava que essa dispersão dos discípulos estava ligada ao assassinato do imperador Galieno em 268.

Mas – como me contou, no meu retorno, Eustóquio, o companheiro que permaneceu perto dele até a morte –, depois que embarquei, o mal se tornou tão selvagem que sua voz perdeu toda clareza e sua bela sonoridade tornou-se rouca, sua visão turvou-se, suas mãos e seus pés se cobriram de úlceras. Seus amigos evitavam encontrá-lo, pois ele tinha o hábito de saudá-los com um abraço. Por causa disso, ele deixou Roma, partiu para a Campânia e se estabeleceu nas terras de Zeto, que era para ele um companheiro de longa data e já estava morto neste momento. Esta propriedade lhe fornecia os víveres necessários. Também lhe traziam outros, da propriedade que Castrício possuía em Minturnas. (V. P. II, 9-25)

Qual era a doença de Plotino? Segundo a opinião autorizada de M. D. Grmek,[12] trata-se presumivelmente de tuberculose, mas "não se pode excluir a possibilidade de vários outros diagnósticos". Seja como for, essa doença era tão repugnante que todos os amigos, todos os discípulos, fugiram do mestre. Ele se retira então na propriedade de Zeto onde havia passado férias de verão com frequência.

Lendo essa narrativa, somos remetidos ao terrível pensamento de Pascal: "Somos risíveis por descansar na companhia dos nossos semelhantes! Miseráveis como nós, impotentes como nós, eles não nos ajudarão; morreremos sós. É preciso então agir como se estivéssemos sós".[13]

Ainda em Roma, enquanto via os discípulos distanciarem-se dele, depois na Campânia, Plotino continuou a escrever. Doravante, seus tratados só abordam assuntos morais: a sabedoria, a felicidade, a Providência, a origem do mal, a morte. Ele os envia a Porfírio, mas é como se só escrevesse para si mesmo. São seus últimos solilóquios. Sua forma abstrata e impessoal não pode nos esconder totalmente o esforço que faz Plotino para chegar à serenidade. Ele faz para si mesmo o quadro do sábio ideal:

---

[12] M. D. Grmek, "Les Maladies et la Mort de Plotin", Porfírio, *Vie de Plotin*, t. II, p. 335-353.
[13] Pascal, *Pensamentos*, § 211 Brunschvicg.

A felicidade pertence àquele que vive na mais alta intensidade... Ora, a vida contemplativa completa, a vida verdadeira se encontra no Espírito. As outras formas de vida são imperfeitas, são só imagens da vida, não são vida, nem de uma maneira perfeita, nem de uma maneira pura... O homem tem a vida completa quando não tem somente a vida sensível, mas a razão e o Espírito verdadeiro... O homem feliz é aquele que vive, efetivamente, em ato, esta vida do Espírito, aquele que chegou a se identificar com ela. Tudo o que nele não é a vida do Espírito, todas as outras coisas só são para ele uma vestimenta exterior: não se pode sequer considerá-las partes dele próprio, pois ele não gostaria de estar revestido por elas; só lhe pertenceriam se elas estivessem ligadas a ele conforme sua vontade. – O que é então o bem para este homem? – Ele é para ele próprio o bem que possui. É o Bem transcendente que é a causa do bem que está nele... Neste estado, ele não busca mais nada. Que poderia ele buscar? Coisas inferiores a ele? Certamente não. E o que há de melhor, ele já o tem.[14] (I 4, 3, 24-25; 33-36 e I 4, 4, 6-8; 14-23)

O sábio se habitua a ver as coisas na perspectiva da eternidade:

Que há de tão grande nas coisas humanas, para não ser desdenhado por quem as superou por ir em direção àquilo que há de mais elevado do que todas as coisas e que não está mais ligado às coisas daqui? E, se ele estima que a feliz fortuna, por mais alta que seja, não é uma grande coisa, nem mesmo as realezas, os governos das cidades ou dos povos, as fundações de colônias ou cidades, se esta feliz fortuna fosse a sua, porque consideraria uma grande coisa as quedas dos impérios e as revoltas da sua pátria? Pois, se ele as considerasse um grande mal, ou simplesmente um mal, seria ridículo ter tal opinião, e quem acreditasse que são grandes coisas a madeira, a pedra e, por Deus, a morte dos seres mortais[15] não seria mais um sábio,

---

[14] Santo Ambrósio utilizou todo esse tratado de Plotino em seu sermão *De Jacob et vita beata*. Comparar a presente passagem e *De Jacob* I, 7, 29.

[15] Agostinho, próximo à morte, retoma essa palavra de Plotino, cf. Possídio, *Vita Augustini* 28, "*Non erit magnus magnum putans quod cadunt ligna et lapides et moriuntur mortales*".

pois este deve, sobre a morte, ter por princípio que ela é preferível à vida com o corpo. (I 4, 7, 14-26)

Plotino desenvolve, assim, abundantemente um tema tradicional desde os estoicos: os sofrimentos, as doenças, os reveses da fortuna não atingem o sábio, porque ele se mantém independente em relação às coisas exteriores.

E seus sofrimentos pessoais? – Quando eles são violentos, ele os suportará tanto quanto possível; quando ultrapassam a medida, eles o carregarão. Ele não excitará a piedade por seus sofrimentos; a chama que está nele brilha como a luz de uma lanterna nos turbilhões violentos dos ventos e na tempestade.[16] (I 4, 8, 1-6)

A imagem da lira fará compreender essa atitude de liberdade interior:

O sábio se ocupa de seu eu terrestre e o tolera, tão longamente quanto lhe é possível, como um músico faz com sua lira, enquanto não está fora de uso. Se a lira não serve mais, ele troca o instrumento ou renuncia a tocá-la, deixa de se servir dela, porque tem agora outra coisa a fazer, sem a lira. Ele a deixa então no chão. Não a olha mais. Canta sem o acompanhamento do instrumento. E, no entanto, não foi por nada que, no início, este instrumento lhe foi dado. Frequentemente, ele o tocou.[17] (I 4, 16, 22-29)

Imagem tradicional ainda! Mas como a última linha é pessoal! Como ela exprime bem a doçura inata de Plotino! Nenhuma irritação contra esse corpo que o faz sofrer, que está agora fora de uso e do qual ele se despojará! Logo, ele não será mais nada. Logo, Plotino saberá cantar sem instrumento. Mas o que

---

[16] Ambrósio, *De Jacob* I, 8, 36: "Quando o sábio estiver lutando contra um sofrimento muito vivo, ele não excitará a piedade, mas mostrará, como uma luz em uma lanterna, que a força da sua alma continua a brilhar em meio a terríveis tempestades e aos ventos mais furiosos e que ela não pode se apagar".

[17] Ambrósio, *De Jacob* I, 8, 39: "Quem tem o hábito de ser acompanhado pela cítara, se vê seu instrumento em pedaços, cordas arrebentadas, quebrado, fora de uso, o rejeitará; não buscará mais nele seus ritmos e se contentará com sua própria voz. Assim é o sábio: deixará no chão a cítara do seu corpo tornado inútil; se recriará em seu próprio coração".

ele reprovaria em seu corpo? Era uma lira, uma bela lira, e ela lhe prestou muitos serviços.

Mas por que era necessário que tivéssemos um corpo, e por que é necessário deixá-lo agora? Por que é necessário um universo sensível, onde os sofrimentos e as lutas destroçam os homens? De onde vem o mal?

Plotino medita ardentemente sobre essas questões, e a resposta que dá nos seus últimos escritos é bastante complexa.

É do conjunto de suas leituras ou de suas lembranças, nas *Leis* de Platão e nos tratados estoicos sobre a Providência, que Plotino extrai as máximas de sabedoria e pensamentos edificantes que elevam sua alma no combate contra o sofrimento, e que o fazem olhar com serenidade o espetáculo ao mesmo tempo terrível e magnífico do mundo que ele deixará.

O mal não é estranho à ordem do universo, pois resulta dessa ordem. Nem todas as coisas podem estar no primeiro nível. Mas, quanto mais elas estão distantes da Fonte primeira, que é o Bem absoluto, mais elas estão privadas do Bem. E o mal não é outra coisa senão a privação do Bem.[18]

Aceitar a ordem universal é aceitar graus no bem, é então aceitar indiretamente o mal. Não se deve criticar a ordem do mundo se há consequências que nos parecem más:

> Somos como críticos ignorantes que acusam um pintor de não ter posto belas cores em tudo. Mas ele colocou em cada lugar as cores convenientes. As cidades bem governadas não são aquelas compostas por iguais. É como se reprovássemos uma peça teatral porque nem todos os seus personagens são heróis e porque encontramos nela um serviçal ou um homem grosseiro e mal-educado. Suprima estes papéis inferiores! A peça não será mais bela, porque ela exige tais papéis para ser completa. (III 2, 11, 9-16)

---

[18] Santo Ambrósio reproduzirá igualmente esse ensinamento de Plotino em seu sermão *De Isaac* VII 60: "*Quid ergo est malitia nisi boni indigentia?*". Essa doutrina terá grande influência sobre Santo Agostinho, como bem mostrou P. Courcelle, *Recherches sur les Confessions de Saint Augustin*. Paris, 1950, p. 124 e n. 4.

É preciso então consentir à ordem do mundo e às leis do universo, como decorrem do Pensamento divino e, finalmente, do Bem. Mal e bem, punição e recompensa estão "na ordem das coisas" que é a ordem divina:

> Se estiverem desarmados, aqueles que estão bem armados os destroem. Não cabe a Deus combater no lugar de quem não quer guerrear. A lei quer que na guerra se encontre salvação na bravura, e não nas preces. Não se obtêm colheitas orando, mas cuidando da terra; e se fica adoentado ao se negligenciar o cuidado com a saúde. Não deve indignar-se se os maus têm uma colheita mais bonita, seja porque são os únicos a cultivar a terra, seja porque a cultivam melhor... Se os maus estão no poder,[19] é pela lassidão dos seus assuntos; é justiça, e o contrário seria injusto. Sim, a Providência divina não deve fazer com que nós não sejamos nada. Se a Providência fosse tudo, se ela estivesse só, ela não teria mais nada a fazer, de que então ela seria Providência? (III 2, 8, 35-42; 50-52 e III 2, 9, 1-3)

Se o mal está na ordem das coisas, ele é, para o sábio, uma experiência salutar. Um dos primeiros escritos de Plotino já havia exposto essa ideia: "A experiência do mal torna o conhecimento do bem mais claro nos seres cuja potência é muito fraca para poder conhecer puramente o mal sem experimentá-lo" (IV 8, 7, 15-17).

É como se o homem só pudesse distinguir o bem do mal experimentando todos os dois, como se ele só pudesse saborear o bem após ter tido a experiência do mal. Plotino também escreve no final da sua vida:

> Alguns males, por exemplo, a pobreza ou a doença, só servem para quem os sofre. Mas o mal moral traz algo de útil ao universo inteiro: ele dá um exemplo da justiça divina e, por si mesmo, faz muitos outros serviços. Ele tem como efeito tornar os homens vigilantes; ele desperta o espírito e a consciência daqueles que querem se opor à escalada da perversidade. Ele faz compreender qual bem é a virtude, em comparação com

---

[19] Cf. *Banquete*, 182 d 2.

os males que são o lote dos maus. Não é esta a razão pela qual os males apareceram, mas, uma vez que apareceram, a Razão universal serve-se deles da maneira mais oportuna. Isto é próprio dos grandes poderes, ser capaz de saber se servir bem do próprio mal. (III 2, 5, 15-24)

Se o mal está na ordem das coisas, se ele é uma experiência salutar, ele parece por vezes tornar-se também, para Plotino, um espetáculo que ele contempla com indiferença e desprezo.

Platão[20] comparara os homens com marionetes, que são brinquedos dos deuses, subentendendo que seus jogos em honra dos deuses eram a coisa mais séria possível. Plotino lhe faz eco, mas modificando a imagem platônica: as marionetes e o jogo situam-se apenas na "sombra exterior" do homem:

> A vida, que superabunda no universo, produz todas as coisas e inventa formas de vida variadas e não deixa de sempre criar jogos vivos, belos e graciosos. – Estes exércitos que se afrontam e nos quais os homens, estes mortais!, avançam em bela ordem de ataque, como se quisessem brincar de dançar a pírrica,[21] nos mostram que os grandes negócios dos homens são apenas jogos... Sim, tudo isso se passa como em tablados de teatro: estes assassinatos e todos estes mortos e pilhagens de cidades! Tudo isso é só mudança de costume ou de atitude, lamentações e gemidos de ator. E, com efeito, aqui, em cada um desses acontecimentos da vida, não é a alma, a que está no interior, é somente a sombra exterior do homem que chora, se aflige, toma todo tipo de atitude, são os homens, neste teatro que é a terra inteira, desempenhando seu papel em múltiplas cenas. Pois tais são as ações do homem que só sabe viver as coisas daqui e as coisas exteriores: não sabe que, mesmo vertendo lágrimas, e mesmo as levando a sério, ele brinca. Só o que há de sério no homem pode se dedicar de maneira séria às ações sérias; o resto do homem não passa de brinquedo. Os que não sabem ser sérios e que não sabem que são eles

---

[20] *Leis*, I, 644 d 9 e VIII, 803 c 4.
[21] A pírrica é precisamente uma dança que simula o combate guerreiro.

próprios brinquedos levam seus jogos a sério. Se, jogando com eles, se experimentam os mesmos tipos de infelicidades que eles, deve-se saber que se caiu em um brinquedo de crianças, ao tirar a máscara de jogo com que se estava vestido. E, se Sócrates joga, seguramente é apenas com o Sócrates exterior que ele joga. (III 2, 15, 31-36; 43-59)

E, no entanto, divina comédia...! O drama do universo tem um plano providencial. Cada um tem um papel a desempenhar na peça e é o único papel que lhe convém, o único papel que teria escolhido, melhor ainda, o que escolheu no fundo de si mesmo. Nesse drama absoluto, atores e personagens não são distintos: representar mal é ser um mau personagem; um belo papel é uma boa interpretação:

> No verdadeiro drama, do qual as obras dos homens dotados do dom da poesia são apenas imitações fragmentárias, a alma é a atriz. Ela recebe seu papel do poeta do universo; como os atores recebem sua máscara, seu figurino: roupa brilhante ou em farrapos, a alma recebe seu próprio lote, não ao acaso, mas de acordo com o plano do universo. Se ela se adapta ao seu destino, ela está em harmonia e se insere na ordem do drama que é o plano do universo. (III 2, 17, 32-39)

Mas, se ela representa mal, isso também está previsto na peça. O drama não é menos belo por isso:

> As almas se encontram em posições diferentes umas das outras, e cada uma, segundo a posição em que se encontra, faz ouvir um canto que está em harmonia ao mesmo tempo com a posição onde se encontra e com o Todo; seu canto, mesmo dissonante, será belo, se o consideramos do ponto de vista do Todo; e o que parece contrário à natureza será, para o Todo, conforme a natureza; todavia, trata-se de um som inferior. Mas a alma, assim cantando, não altera a beleza do Todo, assim como, para dar outro exemplo, um mau carrasco[22] não

---

[22] Agostinho, *De ordine* II 4, 12, Bibliothèque Augustinienne, Œuvres de Saint Augustin IV, Dialogues philosophiques, I. Problèmes fondamentaux, trad. R. Jolivet. Paris, 1948, p. 383: "Que há de mais horrível que um carrasco? Há uma alma mais arisca e mais cruel que a sua? No entanto, as leis reservam

corrompe uma cidade regida por boas leis. É preciso que haja um na cidade; é bom que ele exista e ele está aí em seu lugar. (III 2, 17, 81-89)

Mas, se uma alma tem um mau papel, isso não quer dizer que ela seja irremediavelmente má. Plotino recusa-se fortemente a admitir, com os gnósticos, que haja almas que, por natureza, sejam más. A alma é fundamentalmente boa. É nossa própria parte inferior, é o homem terrestre e exterior que pode, cego pelo corpo e pelas coisas materiais, deixar-se ir ao vício.[23] Mas a alma de cada homem é impecável, no seu próprio cimo, que permanece com frequência totalmente inconsciente:

> A natureza desta alma superior será libertada de toda responsabilidade nos males que o homem comete ou sofre. Pois estes males se situam no "animal", no "composto" [isto é, na parte de nós mesmos na qual se misturam os níveis inferiores da alma e do corpo]. (I 1, 9, 1-3)

Esse é um tema constante ao qual retorna o último pensamento de Plotino. Ele supõe a doutrina dos níveis do eu que expusemos no segundo capítulo. Nosso verdadeiro eu escapa do sofrimento, do mal, da paixão. Escapa inclusive das influências astrais às quais alguns queriam nos submeter:

> Os astros influenciariam, dizem, os caracteres e, em conformidade com nossos caracteres, nossas ações; quanto a nossas paixões, elas proviriam de uma disposição passional. – Mas então o que restaria de "nós"? – Não é preciso dizer que resta o que "nós" somos na verdade, "nós" a quem a natureza deu precisamente a possibilidade de ser mestres das nossas paixões. E, com efeito, em meio a todos estes males que nos são infligidos pelo

---

para ele uma posição necessária e ele se insere na ordem de uma cidade bem governada; em si mesmo, ele é mau, mas, segundo a ordem da cidade, ele é a desgraça dos maus" [Santo Agostinho, *Contra os Acadêmicos. A Ordem. A grandeza da Alma. O Mestre.* Trad. Agustinho Belmonte. São Paulo: Paulus, 2012. Col. Patrísitica, v. 24. (N. T.)]. Ver também J. de Maistre, *Soirées de Saint-Pétersbourg*, primeira conversa: "Tire do mundo este agente incompreensível (o carrasco), no mesmo instante, a ordem dá lugar ao caos".

[23] Cf. I 8, 4, 6.

corpo, Deus nos deu "a virtude que nenhum mestre domina".[24] Pois não é na calma que precisamos da virtude, mas quando corremos o risco de cair no mal, se a virtude não está lá. Eis porque nos é necessário "fugir daqui"[25] e nos "separar"[26] de tudo o que se juntou a nós mesmos. É preciso não ser o "composto": um corpo animado, no qual domina a natureza do corpo... Mas é à outra alma, aquela que é estranha a esta vida do corpo, que pertence a subida para o alto, para o belo, para o divino, sobre os quais ninguém tem domínio. (II 3, 9, 12-26)

Quem vive nesse cimo de si mesmo domina o destino; quem vive nos níveis inferiores do eu está submetido aos astros e é apenas um fragmento do universo.

Sentimos que Plotino, próximo à morte, se esforça cada vez mais para se reduzir ao seu eu espiritual, para considerar totalmente estranha a si a vida corporal que abandonará.

O último tratado de Plotino, curtíssimo, é uma meditação sobre a morte e compreende uma espécie de resumo muito despojado de toda a sua filosofia.[27] Um último olhar terrestre para o Bem, antes da contemplação definitiva:

> Se é verdade que o desejo e a atividade que se dirigem para o que há de melhor são um bem, resulta daí que o Bem em si mesmo, porque não dirige seus olhares para outra coisa e não deseja outra coisa, sendo, em repouso, fonte e origem das atividades que são conformes à natureza e permitindo às outras coisas serem semelhantes ao Bem, sem que esta fonte dirija sua atividade para elas – pois, ao contrário, são antes as outras coisas que dirigem sua atividade para ela –, [daí resulta, digo] que o Bem não é o Bem pela atividade ou pelo pensamento, mas somente por seu próprio repouso... Contudo, é preciso estabelecer que é ao Bem que todas as coisas estão suspensas, enquanto ele mesmo não está suspenso a nada. Assim se

---

[24] *República*, 617 e 3.
[25] *Teeteto*, 176 a-b.
[26] *Fédon*, 67 c.
[27] Santo Ambrósio o traduz quase inteiro no seu sermão *De bono mortis* I 1 e IV 13-14.

verifica a fórmula: "O que todas as coisas desejam".[28] Ele deve, então, permanecer imóvel e todas as coisas devem se voltar para ele como um círculo se volta para o centro de onde emanam os raios. (I 7, 1, 13-24)

Depois, um olhar sobre o conjunto das coisas que, emanando do Bem, tendem a retornar a ele:

> Como todas as coisas se voltam para seu centro, que é o Bem? As coisas inanimadas se voltam para a alma, e a alma se volta para o Bem, passando pelo Espírito. Mesmo as coisas inanimadas têm algo do Bem, pois cada coisa é, de algum modo, uma unidade e um ser, e participa de uma forma específica. (I 7, 2, 1-4)

Se o que é sem vida tem já um traço do Bem, com mais forte razão, a própria vida é boa, e ela é um bem, quer seja vida da alma, quer seja vida do Espírito. Sim, mesmo a vida terrestre, na qual o mal se encontra misturado, é um bem. "Mas então se esta vida é um bem, como a morte não é um mal"? (I 7, 3, 3-4).

De modo algum, responde Plotino, a morte não é um mal. Se a morte, como querem os epicuristas, é um aniquilamento, ela não é um mal: "É preciso ser algo para experimentar o mal. Mas o morto não existe mais, ou, se existe, está privado de vida e sofre menos mal do que uma pedra" (I 7, 3, 5-8).

E, se somos platônicos e acreditamos em uma existência após a morte, a morte ainda é um bem:

> A morte é tanto mais um bem porque, liberta do corpo, a alma tem mais atividade. E, se a alma particular entra na alma do todo, que mal pode haver ainda para ela lá?... De maneira geral, não há mal para a alma, se ela resguarda a pureza do seu ser. E, se ela não guarda esta pureza, não é morte, mas a vida que será um mal! Se a alma é castigada no Hades, é, ainda, sua vida, e não sua morte, que é má. E sua vida é má porque sua vida não é pura [a alma superior estando ainda ligada à alma inferior]... Mas, se a vida daqui é virtuosa, como a morte seria um mal? Pode-se responder que, se a vida daqui é um bem

---

[28] Aristóteles, Ética a *Nicômaco*, X, 1094 a 3.

para as pessoas virtuosas, não é porque nesta vida a alma está ligada ao corpo, mas porque, precisamente, a virtude protege a alma desse mal que é a união com o corpo. Então, no mais alto nível, a morte é um bem. – Talvez possa se dizer também que a vida no corpo é por si mesma um mal e que, se a alma está no bem pela virtude, é porque a alma, graças a ela, não vive mais da vida que une a alma e o corpo, mas que já, aqui, se separa do corpo. (I 7, 3, 7-22)

Deve-se descobrir nos últimos tratados de Plotino, como fazia Porfírio, um declínio das suas capacidades intelectuais? "Quando escreveu os nove últimos tratados, suas forças diminuíam, e, nos quatro últimos, ainda mais que nos cinco precedentes" (V. P. VI, 34-37).

Parece que Porfírio quis fazer seus leitores acreditarem que eram suas discussões com Plotino, durante os 6 anos em que frequentou sua escola, que permitiram a Plotino atingir a perfeição, e que seu declínio começou após a partida de Porfírio para a Sicília, a conselho de Plotino. Sua apresentação da produção literária de Plotino corresponde exatamente ao esquema clássico e tradicional conforme o qual, na Antiguidade, classificavam-se os diferentes escritos de um autor: começo, florescimento (*akmé*), decadência, mas com a particularidade que Porfírio pensa poder fazer coincidir, como que por acaso, o período de desenvolvimento e florescimento com a influência que pretende ter tido sobre seu mestre. É verdade que 26 tratados, em um total de 54, foram escritos durante esse curto período. Mas não é menos correto que os últimos tratados apresentam a mesma diversidade de aspectos que aqueles que os precedem, por vezes áridos e esquemáticos, por vezes entusiastas e ricos em imagens, e faz-se mister reconhecer que, entre estes últimos escritos, os tratados V 3 ("Sobre as hipóstases que têm a capacidade de conhecer"); III 5 ("Sobre o amor") e I 8 ("Sobre a origem dos males"), ao mesmo tempo por sua sua hábil construção e pela intensidade da reflexão que neles se exprime, testemunham um grande vigor intelectual.

\*\*\*

Quando ele estava a ponto de morrer, Eustóquio, que então morava em Putéolos, chegou bem tarde junto de seu mestre, como ele próprio me contou. Plotino então lhe disse: "Ainda te esperava". Disse também: "esforço-me por fazer elevar o que há de divino em mim ao que há de divino no universo". Neste momento, uma serpente passou sob o leito onde estava deitado e deslizou por um buraco na parede;[29] e Plotino morreu. Ele tinha 66 anos, nas palavras de Eustóquio. (V. P. II, 23-30)

Todo Plotino está nestas últimas palavras.[30]

Doçura sorridente...: "Ainda te esperava", isto é: não queria morrer sem te rever, tu, meu último amigo, o único discípulo que ficou perto de mim. Mas tu levaste muito tempo para vir! Por tua causa, tive que atrasar minha partida.

Sentimento da presença divina: se filosofar é aprender a morrer, estou realizando o ato filosófico por excelência: esforço-me por fazer elevar o que há de divino em mim ao que há de divino no universo. Plotino, morrendo, não resume sua "mensagem" em termos extraordinários. Nenhuma alusão ao Um, ao Bem, ou mesmo ao Espírito. Esta última palavra é uma fórmula quase banal, é um "entrego minha alma a Deus", expressa em termos estoicos. Isso significa dizer: minha alma se reunirá à Alma do Mundo. Mas toda a obra de Plotino permite-nos entrever, por trás dessas simples palavras, um sentido místico: fundida à alma do universo, a alma de Plotino contemplará o Espírito divino e sua fonte indizível, o Bem absolutamente simples. E recordamos então as belas e estranhas fórmulas que evocavam a presença de Deus:

> Não dizes mais de ti mesmo: "Até aqui, sou eu". Rejeitando a "determinação", te tornaste Todo. E, no entanto, já antes eras Todo, mas porque precisamente algo se acrescentou a ti além do Todo, tu te tornaste menor que o Todo por esta mesma adição. Pois esta adição não era adição pertencente à ordem do

---

[29] A alma partindo sob a forma de serpente: crença popular na Antiguidade.

[30] Sobre as discussões concernentes ao sentido dessas palavras, cf. J. Pépin, "La Dernière Parole de Plotin", Porfírio, *Vie de Plotin*, t. II, p. 355-383.

Todo (o que se acrescentaria, com efeito, ao que é Todo?), mas adição que era adição de não ser. Tornado "alguém" e precisamente por uma adição de não ser, não se é mais o Todo, exceto rejeitando-se o não ser. Tu te engrandeces então rejeitando tudo o que é diferente do Todo e, se rejeitas isso, o Todo te será presente. (VI 5, 12, 18-25)

\*\*\*

Dezessete séculos nos separam agora de Plotino. E a história hodierna se acelera cada vez mais, conduzindo-nos inexoravelmente para longe do sábio que morre, solitário, em uma propriedade da Campânia. Um abismo imenso se interpôs entre nós e ele. E, no entanto, quando lemos algumas páginas das *Enéadas*, alguma coisa desperta em nós, um eco soa no fundo de nós mesmos. Bergson tinha razão em falar de um apelo dos místicos: "Eles não pedem nada e, todavia, obtêm. Não têm necessidade de exortar, só têm que existir, sua existência é um chamado".[31]

Mas desse chamado de Plotino o homem hodierno desconfia. Sedutor como um canto de Sereia, não é enganador e perigoso? O homem hodierno teme ser mistificado. Que ele seja marxista, positivista, nietzschiano ou cristão, recusa a miragem do "espiritual puro". Descobriu a força da matéria, a potência de todo esse mundo inferior que Plotino considerava fraco, impotente, próximo do nada. Simone Weil escrevia: "Cadeias alimentares. Uma mesma ação é mais fácil se o movente está mais baixo do que se está elevado. Os moventes baixos guardam mais energia que os moventes elevados. Problema: como transferir aos moventes elevados a energia reservada aos moventes baixos?".[32] Ideia já expressa por Nicolaï Hartmann: "As categorias do ser e do valor são tanto mais fracas quanto são mais elevadas", e por Max Scheler: "O que é

---

[31] H. Bergson, *Les Deux Sources de la Morale et de la Réligion*. Paris, PUF, 1939, p. 30. [Ed. brasileira: *As Duas Fontes da Moral e da Religião*, trad. Miguel Serras Pereira. Coimbra: Almedina, 2005 (N. T.)].

[32] S. Weil, *La Pesanteur et la Grâce*. Paris, Plon, 1947, p. 3. [Ed. brasileira: *A Gravidade e a Graça*, trad. Paulo Neves. São Paulo, Martins Fontes, 1993 (N. T.)].

inferior é originalmente dotado de potência; o que é superior é impotente".[33] Que Plotino recuse, se quiser, identificar-se com o "composto", com o "animal humano", O homem hodierno sabe que Plotino tira desse composto mesmo a energia que sustenta sua atividade espiritual. Ele descobriu a potência das infraestruturas sociais, psicológicas, biológicas, materiais. O marxismo e a psicanálise lhe ensinaram o mecanismo da mistificação: o homem que acredita se desligar da condição humana é apenas o brinquedo de motivações inferiores e quer fugir das exigências do trabalho e da ação.

Essa crítica do "espiritual puro" tem algo de saudável. Por muito tempo, tomaram-se por valores autênticos os disfarces que serviam para proteger preconceitos de classe ou deficiências psicológicas. Mas penso ter mostrado na presente obra que, apesar de certas fórmulas de Plotino, sua mística, tal como foi vivida por ele, não aparece como uma "conduta de fuga". Ele está tão intensamente presente aos outros quanto ao Espírito.

E, sobretudo, a crítica do "espiritual puro" deve conduzir a uma autêntica purificação da vida espiritual e de modo algum à supressão de todo um domínio da realidade humana. Bergson viu isso bem: a experiência mística é um fenômeno universal e extremamente significativo. Mesmo se esse fenômeno só atinge sua plenitude com o cristianismo, não está menos presente de um modo muito autêntico na humanidade inteira, e a experiência plotiniana é um dos exemplos mais marcantes disso. Se ela desperta um eco em nós, é porque na realidade humana há uma possibilidade latente de vida mística.

Por certo, ignorar nosso condicionamento material, psicológico ou sociológico é mistificarmos a nós mesmos. Mas há uma mistificação, também muito trágica, ainda que mais sutil, em imaginar que a vida humana se reduz aos seus aspectos analisáveis, matematizáveis, quantificáveis ou exprimíveis. Uma das grandes lições da filosofia de Merleau-Ponty terá

---

[33] M. Scheler, *La Situation de l'Homme dans le Monde*. Paris, Aubier, 1951, p. 85 (e p. 84, a citação de N. Hartmann).

sido mostrar que é a percepção, isto é, a experiência vivida, no pleno sentido do termo, que dá seu sentido à representação científica.[34] Mas é admitir implicitamente que a existência humana adquire sentido a partir do indizível.[35] Essa parte do indizível no seio mesmo da linguagem científica ou da linguagem cotidiana, Wittgenstein o viu com penetração: "O que se exprime na linguagem só podemos exprimi-lo pela linguagem".[36] "Há um inexprimível: é o que se mostra (sem poder se dizer); isto é o místico."[37]

O homem está assim em uma posição quase insustentável. O indizível vem romper o tecido familiar e confortável do cotidiano. O homem não pode então se fechar e viver aí totalmente, satisfazer-se com isso. Mas, se ele ousa afrontar o mistério, não poderá se manter nessa atitude: deverá retornar bem rápido às evidências reconfortantes do cotidiano. A vida interior do homem nunca estará plenamente unificada; ela nunca será puro êxtase, nem pura razão, nem pura animalidade. Isso Plotino já sabia. Ele aceitava com doçura esses níveis múltiplos e buscava somente reduzir o máximo possível esta multiplicidade desviando sua atenção do "composto". Era necessário ao homem aprender a aceitar a si mesmo.

O homem hodierno está ainda mais dividido interiormente que o homem plotiniano. Mas ele pode escutar, entretanto, o chamado de Plotino. E não será para repetir servilmente, em pleno século XX, o itinerário espiritual que as *Enéadas* descrevem. Isso seria impossível ou ilusório. Mas será para consentir, com a mesma coragem que Plotino, a todas as dimensões da experiência humana e a tudo o que ela comporta de misterioso, indizível e transcendente.

---

[34] Cf. M. Merleau-Ponty, *La Phénomenologie de la Perception*. Paris, Gallimard, 1945, p. 491. [Ed. brasileira: *Fenomenologia da Percepção*, trad. Carlos Alberto Ribeiro de Moura. São Paulo, Martins Fontes, 2006 (N. T.)].

[35] Pois já existe um indizível da percepção.

[36] L. Wittgenstein, *Tractatus Logico-Philosophicus*, 4. 121 (ver a tradução de P. Klossovski, Paris, NRF, 1961). [Ed. brasileira: *Tractatus Logico-Philosophicus*, trad., apres. e ensaio introd. Luiz Henrique Lopes dos Santos; introd. Bertrand Russell. São Paulo, Edusp, 2001 (N. T.)].

[37] Ibidem, 6. 522.

# Posfácio

A primeira edição[1] deste pequeno livro foi publicada pela editora Plon em 1963, na coleção "La Recherche de l'Absolu" ["A Busca do Absoluto"], dirigida por G.-H. de Radkowski. Tratava-se, conforme o desejo do diretor dessa coleção, de "traçar o 'retrato psíquico', de restituir a aventura interior das grandes figuras humanas" que foram testemunhas de uma "busca apaixonada pelo absoluto". Figuravam também nessa série, por exemplo, um *Blaise Pascal ou l'Ordre du Coeur* [Blaise Pascal ou a Ordem do Coração], de Charles Baudouin, um *Dostoïevski, du Double à l'Unité* [Dostoievski, do Duplo à Unidade], de René Girard. É o espírito dessa coleção que explica o propósito da minha obra: tentei, tanto quanto possível, "desvelar, através da sua obra e sua vida, os sentimentos fundamentais que, como as cores do arco-íris, compõem a luz simples" da espiritualidade de Plotino.

Após essa primeira edição, o livro foi publicado novamente, dessa vez na "Études Augustiniennes" [Estudos Agostinianos], em 1973 e, depois, em 1988, além de ter sido traduzido para o russo (1991), para o checo (1993) e para o inglês (1993). No posfácio da reedição de 1973, escrevi: "No próprio texto deste

---

[1] Agradeço vivamente a Éric Vigne a acolhida dada a esta reedição e os judiciosos conselhos que me deu. Meu reconhecimento dirige-se igualmente a Sylvie Simon, por sua tão preciosa ajuda.

pequeno ensaio, nada mudei. Ele está, por certo, bem longe da perfeição, mas foi escrito com o coração e com entusiasmo. Ele forma um todo ao qual me seria difícil acrescentar, retirar ou modificar qualquer coisa". No entanto, no posfácio à reedição de 1988, eu começava a mudar de opinião:

> A terceira edição deste pequeno livro aparece no momento em que me engajo na perigosa tarefa de propor ao público uma tradução completa e comentada dos tratados de Plotino. Quando estiver concluída, ou ao menos bem avançada, a ideia que atualmente faço de Plotino talvez tenha se modificado consideravelmente, pois só se compreende bem um autor ao termo deste longo diálogo que representam a tradução e o comentário.

A tradução comentada da qual eu falava está ainda hoje longe de ser concluída, mas seus efeitos já se fazem sentir e minha representação de Plotino se aprofundou e se tornou mais precisa. Por isso, pareceu-me necessário realizar, por ocasião da presente edição, uma importante revisão do meu livro.

O plano geral do livro não será afetado pela revisão. Penso, com efeito, que os diferentes capítulos, que havia intitulado "Níveis do eu", "Presença", "Amor", "Virtudes", "Doçura", "Solidão", balizam muito bem o itinerário interior de Plotino e são importantes componentes do seu "retrato psíquico". Mas fui levado a modificar, por vezes de maneira radical, a apresentação desses temas fundamentais.

Inicialmente, as traduções de Plotino e da *Vida de Plotino* por Porfírio foram quase inteiramente reescritas para dar conta dos meus próprios trabalhos de tradução e, sobretudo, das novas edições e traduções de Plotino e Porfírio, que apareceram nos últimos anos.

Parece-me, sobretudo, que agora melhor compreendi o papel de intermediário que o Espírito desempenha na relação entre a alma e o princípio supremo, que é o Bem ou o Um. Na primeira versão desta obra, eu não havia ainda claramente reconhecido que Plotino distingue no Espírito dois modos de ser, eternamente distintos e eternamente unidos. Há, por um lado, o Espírito em seu modo nascente, o Espírito que, como diz Plotino, ainda não é Espírito, mas que, emanando do Bem, do Um, em um estado de pura virtualidade, se volta para ele, ficando assim em contato imediato com ele, em um tipo de toque inintelectual; por isso, Plotino o chama de "Espírito amante", "ébrio de amor e de alegria". Há, por outro lado, o Espírito completamente acabado, que, se pensando e se multiplicando por um tipo de dialética e de divisão internas, engendra o universo das Formas eternas. Conforme esse modo, o Espírito não está mais em contato imediato com o Bem, distancia-se dele, para possuir a si mesmo e possuir em si as Formas; ele só pode então contemplar o reflexo do Bem na multiplicidade das Formas. Para a alma que vive conforme o Espírito, esses dois modos correspondem a dois níveis da experiência mística. A alma pode, com efeito, ultrapassar a racionalidade e elevar-se ao nível do Espírito pensante, isto é, a esse estado de transparência a si mesmo e ao mesmo tempo de totalidade e de universalidade, que o caracteriza. Mas ela pode também ultrapassar a intuição intelectual, própria ao Espírito pensante, para elevar-se ao nível do Espírito amante e viver com ele o contato embriagante com o Bem do qual todas as coisas emanam. Há, então, uma estreita relação entre a experiência mística em todos os seus níveis e os dois modos de ser que constituem a vida do Espírito. É com o Espírito e no Espírito que o relativo entra em contato com o Absoluto e experimenta tão intensamente sua presença, que perde a consciência de si mesmo.

Ademais, fui levado a especificar e a modificar a comparação entre o amor platônico e o amor plotiniano que propusera. Eu simplificava muito quando afirmava que o amor plotiniano é de imediato místico, isto é, que o amor do Bem não tem seu ponto de partida no amor humano. Traduzindo e comentando o tratado 50, compreendi que, para Plotino, o amor humano, e diferentemente de Platão, mesmo o amor conjugal, podia conduzir à descoberta da Beleza transcendente, e que todo amor, por mais humilde que fosse, já era amor do Bem. Mas isso era só uma das vias possíveis da ascensão para o Bem. O filósofo nato e, sobretudo, o místico não tinham necessidade dessa etapa preliminar. Eles não tinham necessidade de ser despertados pelo encontro da beleza sensível.

Na primeira versão deste livro, eu talvez não tenha tido consciência suficiente do rigor com o qual Plotino afirma a transcendência do Bem ou do Um plotiniano. Para Plotino, o Bem é verdadeiramente o Absoluto, sem a sombra de uma multiplicidade mesmo potencial ou virtual, em uma total ausência de relações consigo mesmo e com os seres que emanam dele. O Bem não é um objeto superior que se situaria acima dos outros objetos; ele não é um objeto que se poderia pensar e do qual se poderia falar. Quando falamos dele, é de nós mesmos que de fato falamos, isto é, de nossa relação com ele. Isso quer dizer que não podemos verdadeiramente coincidir com ele, só podemos experimentá-lo como uma pura Presença, que nos invade. É nessa perspectiva que precisei corrigir certo número de expressões que havia empregado na minha primeira versão e que davam a impressão de que o Um ou o Bem podia ter uma relação com ele mesmo ou com outra coisa.

As últimas páginas do meu ensaio insistiam sobre a distância interior que nos separa de Plotino, nós outros, homens modernos ou pós-modernos. Penso que elas continuam válidas ainda hoje, como também é verdade, e talvez mais que nunca, que, para nós, a vida e a obra de Plotino são um "chamado", no sentido em que Bergson falava de um chamado dos místicos. Os testemunhos que recebi de numerosos leitores, falando do benefício espiritual que haviam extraído da leitura deste pequeno volume, me surpreenderam, mas me confirmaram essa opinião. Este chamado nos convida, me parece, "a consentir a todas as dimensões da experiência humana e a tudo o que ela comporta de misterioso, de indizível e de transcendente".

Mas, a meus olhos, esse "misterioso", esse "indizível", esse "transcendente" não devem ser buscados somente, como faz Plotino, na direção da Inteligência, das Formas e da Unidade originais, isto é, em um movimento de retração com respeito à multiplicidade e ao mundo sensível, mas também, e talvez bem mais, na direção da existência viva e concreta, do surgimento e da aparição das coisas visíveis. Insisti, é verdade, neste livro, sobre o valor que Plotino confere ao mundo sensível. Não é menos verdadeiro que haja, aos seus olhos, apenas uma realidade degradada e inferior, da qual é preciso se distanciar. No entanto, não se pode descobrir também o indizível, o misterioso, o transcendente, o Absoluto talvez, na riqueza inesgotável do momento presente e na contemplação da realidade mais concreta, mais banal, mais cotidiana, mais humilde, mais imediata, e não se pode pressentir aí a Presença sempre presente? "Suprime tudo", dizia Plotino. Mas, em uma viva contradição, não se deveria dizer também: "Acolhe tudo"?.

P. H.

# APÊNDICES

# Biografia Cronológica

205. Nascimento de Plotino, provavelmente no Egito, talvez em Licópolis (V.P. II, 37).

230-231. Aos 28 anos, Plotino decide se dedicar à filosofia e segue, em Alexandria, as aulas de várias pessoas célebres que o decepcionam (V.P. III, 7).

232-242. A partir dos conselhos de um amigo, Plotino passa a seguir as aulas de Amônio e permanece como seu discípulo durante 11 anos. Plotino tem por condiscípulos, nas aulas de Amônio, Herênio e Orígenes. Esse Orígenes pagão, de quem Porfírio fala várias vezes na *Vida de Plotino*, é distinto do Orígenes cristão, o Pai da Igreja, que era mais de 20 anos mais velho que Plotino.

234. Nascimento de Porfírio.

243. Plotino junta-se à comitiva do imperador Gordieno na Mesopotâmia. Ele espera encontrar sábios persas ou hindus, por ocasião dessa expedição militar.

244. (*fevereiro ou março*) Gordieno é assassinado por soldados romanos, partidários do usurpador Filipe, o Árabe. Plotino tem dificuldade em escapar e chegar à Antióquia – esse gênero de golpe de Estado é muito frequente no século III. Depois da morte de Alexandre Severo (235), o Império

Romano conhece uma crise muito grave. Os imperadores, por vezes escolhidos pelo Senado – é o caso de Gordieno –, são postos e depostos pelos exércitos. O fato de Plotino ter podido se unir à expedição de Gordieno permite supor que ele tivesse relações com o Senado, favorável a Gordieno.

244. Após sua desventura na Mesopotâmia, Plotino vai para Roma.

244-253. Plotino dá aulas a um pequeno número de alunos e nada escreve.

246. Amélio torna-se discípulo de Plotino. Ele redige notas feitas nos cursos de Plotino.

254. Primeiro ano do reinado de Galieno. Plotino começa a compor alguns tratados (V. P. IV, 10).

263. Porfírio, vindo de Atenas, onde foi aluno de Longino, chega a Roma. São as férias de verão, mas ele já encontra Plotino (V.P. V, 4). Porfírio não é admitido imediatamente na escola. Após uma longa discussão com Amélio, ele adere a um dos pontos do ensinamento de Plotino que lhe parecia difícil de admitir e os livros de Plotino lhe são confiados (V. P. XVIII, 19).

266. O senador Sabinilo, ouvinte de Plotino (V. P. VII, 31), é cônsul durante esse ano e tem como colega o imperador Galieno. Esse, assim como sua esposa Salonina, tem Plotino em alta estima (V. P. XII, 1). Plotino sonha em restaurar uma cidade destruída na Campânia para ali fazer uma república platônica, Platonópolis. Esse projeto fracassa em virtude da hostilidade de alguns conselheiros do imperador.

268. Acometido por uma depressão, Porfírio pensa em suicídio. Plotino o aconselha a viajar. Porfírio parte então para a Sicília e se estabelecerá em Lilibeia, com um certo Probo (V. P. XI, 11).

268. Verão: assassinato de Galieno. Início do reinado de Cláudio II. A última doença de Plotino aparece (V. P. II, 11).

268-269. Partida de Amélio. Ele deixa Roma e Plotino para encontrar Longino na corte da rainha Zenóbia, em Tiro (V. P. XIX, 32). No ano seguinte, ele estará em Apameia, na Síria (V. P. II, 33).

269. Plotino deixa Roma e se retira na propriedade de Zeto, a seis milhas de Minturnas, na Campânia (V. P. II, 18).

270. Morte de Plotino (V. P. II, 23).

301. Redação da *Vida de Plotino* por Porfírio e primeira edição das *Enéadas* (V. P. XXIII, 13: Porfírio afirma que ele tem 68 anos no momento em que escreve).

# Bibliografia analítica

*Em que ordem ler Plotino?*

I. Para uma leitura parcial:

   a. O mínimo indispensável se encontrará nos tratados I 6: *Sobre o Belo* e VI 9: *Sobre o Bem*.

   b. Para um estudo particular da mística e da teologia plotinianas, o essencial se encontrará em VI 7: *Sobre as Ideias e o Bem*, e VI 8: *Sobre a Vontade do Um*.

   c. Para a polêmica antignóstica, capital para compreender a essência do plotinismo, há que se ler os tratados III 8: *Sobre a Contemplação*; V 8: *Sobre a Beleza Inteligível*; V 5: *Que os Inteligíveis Não Estão Fora da Inteligência*; e II 9: *Contra os Gnósticos*.

II. Para uma leitura completa e aprofundada, parece-me indispensável ler os tratados de Plotino conforme a ordem cronológica.

Editando os tratados de seu mestre, Porfírio os repartiu conforme uma ordem sistemática e arbitrária, sem levar em conta a ordem na qual eles haviam sido compostos. Por vezes, ele os cortou de modo convencional. Ele queria, com efeito, obter 54 tratados, isto é, um múltiplo dos números perfeitos seis e nove (V. P. XXIV, 13). As *Enéadas* constituem, então, seis grupos de nove tratados. Cada grupo, segundo Porfírio, é formado por tratados relacionados a temas comuns. A primeira *Enéada* corresponderia a temas de moral, a segunda, a temas da física, a terceira, a temas tratando do mundo em geral, a quarta se ocuparia especialmente da alma, a quinta, da inteligência divina, a sexta, enfim, do Bem ou Um (V. P. XXIV, 16 ss.). Isso nos revela as verdadeiras intenções de Porfírio. A ordem sistemática, que ele introduziu artificialmente, corresponde aos graus de perfeição da vida espiritual. Ele classificou os tratados de Plotino em uma ordem que corresponde a uma divisão das partes da filosofia que distinguia três etapas no progresso espiritual: a moral ou ética situava-se no começo para assegurar a purificação inicial da alma, indispensável à progressão ulterior; a física vinha a seguir para concluir a purificação, revelando a futilidade das coisas sensíveis; vinha então a epóptica (conforme um termo tomado emprestado aos mistérios de Elêusis) ou a metafísica, que concedia à alma perfeitamente purificada a revelação suprema das coisas divinas. Essa divisão das partes da filosofia se encontra em Plutarco (*De Iside* 382 d), Teon de Esmirna (*Expos. rer. math.*, p. 14 Hiller), Clemente de Alexandria (*Strom.* I, 28, 176, 1-2), Orígenes (*In Cant.*, p. 75, 6 Baehrens). Ela desempenhará um grande papel na mística cristã.

Mas a ordem sistemática introduzida por Porfírio é tanto mais arbitrária porque a maioria dos tratados de Plotino versa ao mesmo tempo sobre moral, física e metafísica, e não se deixa fechar em classificações escolares. São sempre escritos circunstanciais: "Ele tirava os temas dos problemas que se apresentavam", diz o próprio Porfírio (V. P. V, 60).

Felizmente, Porfírio conservou na sua *Vida de Plotino* (IV, 22 – VI, 38) uma lista cronológica dos tratados e temos razões para crer que ela é exata, ao menos em suas grandes linhas. Ela nos fornecerá então a ordem a seguir na leitura de Plotino. Eis a correspondência entre a ordem cronológica e a ordem arbitrária das *Enéadas*:

| 1  | I 6  | 11 | V 2   | 22 | VI 4 | 30 | III 8 | 39 | VI 8  | 46 | I 4   |
|----|------|----|-------|----|------|----|-------|----|-------|----|-------|
| 2  | IV 7 | 12 | II 4  | 23 | VI 5 | 31 | V 8   | 40 | II 1  | 47 | III 2 |
| 3  | III 1| 13 | III 9 | 24 | V 6  | 32 | V 5   | 41 | IV 6  | 48 | III 3 |
| 4  | IV 2 | 14 | II 2  | 25 | II 5 | 33 | II 9  | 42 | VI 1  | 49 | V 3   |
| 5  | V 9  | 15 | III 4 | 26 | III 6| 34 | VI 6  | 43 | VI 2  | 50 | III 5 |
| 6  | IV 8 | 16 | I 9   | 27 | IV 3 | 35 | II 8  | 44 | VI 3  | 51 | I 8   |
| 7  | V 4  | 17 | II 6  | 28 | IV 4 | 36 | I 5   | 45 | III 7 | 52 | II 3  |
| 8  | IV 9 | 18 | V 7   | 29 | IV 5 | 37 | II 7  |    |       | 53 | I 1   |
| 9  | VI 9 | 19 | I 2   |    |      | 38 | VI 7  |    |       | 54 | I 7   |
| 10 | V 1  | 20 | I 3   |    |      |    |       |    |       |    |       |
|    |      | 21 | IV 1  |    |      |    |       |    |       |    |       |

Lendo os tratados de Plotino nessa ordem, não se descobrirá uma evolução muito marcada no pensamento do filósofo. Com efeito, ele é extremamente fiel a si mesmo, até mesmo na expressão. Mas melhor se vislumbrarão os problemas diferentes que o ocuparam em diferentes épocas da sua vida. Ver-se-á mais claramente como certos grupos de tratados respondem a um problema preciso. Podemos assinalar ao leitor alguns entre esses grupos.

*Primeiro período da atividade literária de Plotino*

(tratados 1-21)

1º Encontra-se inicialmente um conjunto de pesquisas sobre a alma, sua imortalidade, sua essência, sua presença no corpo. Essas pesquisas prosseguem de um tratado a outro; discutem certos textos de Platão, retomam muitos argumentos tradicionais do platonismo refutando o materialismo estoico. Correspondem aos tratados 2 (IV 7), 4 (IV 2), 6 (IV 8), 8 (IV 9), 14 (II 2: *Sobre o Movimento Circular*, trata-se do movimento da alma) e 21 (IV 1).

2º Certos problemas postos pela teoria platônica das Ideias e a teoria aristotélica do Intelecto são tratados nos escritos 5 (V 9) e 18 (V 7).

3º Desde esse primeiro período, Plotino examina longamente os problemas postos pelo que se situa além do

Pensamento, isto é, pelo Um, problemas de ascensão (é preciso ir além do Intelecto divino de Aristóteles), problemas de derivação (como o que está após o Primeiro deriva do Primeiro): 7 (V 4), 9 (VI 9), 10 (V 1), 11 (V 2).

4º Um tratado é dedicado a um problema importante, mas isolado, ao menos nesse período, o da matéria: 12 (II 4).

5º Enfim, certo número de tratados se relaciona ao problema da purificação pela virtude e do lugar do sábio na hierarquia dos seres: ele é um deus, é somente um "daimon" (um bom gênio)? São os tratados 1 (I 6), 15 (III 4), 19 (I 2), 20 (I 3).

6º Restam enfim alguns escritos sobre os quais frequentemente é difícil afirmar se não fazem parte de conjuntos maiores: 3 (III 1) pouco original, 13 (III 9) conjunto de notas, 17 (II 6).

*Segundo período da atividade literária de Plotino*

(tratados 22-45)

1º Problema da presença do inteligível no sensível: tratados 22-23 (VI 4-5)

2º Problemas relacionados à alma: tratados 27-29 (IV 3-5) aos quais provavelmente é preciso acrescentar 26 (III 6) e 41 (IV 6), que se relacionam igualmente ao problema da impassibilidade da alma.

3º Discussão contra os gnósticos. Esse conjunto de tratados, que forma uma obra única, é destinado a mostrar, contra eles, que o mundo sensível não é a obra refletida e voluntária de um Demiurgo, mas o reflexo de um mundo inteligível que tem em si mesmo sua razão de ser: 30 (III 8), 31 (V 8), 32 (V 5), 33 (II 9).

4º É possível que os tratados 38 e 39 (VI 7 e VI 8) se liguem a esse conjunto antignóstico, pois eles também desenvolvem a noção de um mundo inteligível que encontra em si mesmo sua razão de ser e, sobretudo, insistem na ideia do Bem, razão última e liberdade absoluta.

5º A reflexão sobre a arquitetura e as características próprias do mundo inteligível inspira os tratados 34 (VI 6), 42-44 (VI 1, 2, 3), 45 (III 7) que estudam o número inteligível, os gêneros supremos e a eternidade.

6º Restam alguns tratados bastante curtos que talvez sejam, como no primeiro período, fragmentos arbitrariamente separados: tratados 25 (II 5), 35 (II 8), 36 (I 5), 37 (II 7), 40 (II 1).

*Terceiro período da atividade literária de Plotino*

(tratados 46-54)

1º Plotino doravante se interessa com predileção pelo problema da origem do mal. O que causa os males? É preciso acusar a Providência, a alma, os astros ou a matéria: tratados 47-48 (III 2-3), 51 (I 8), 52 (II 3).

2º Ligado ao problema do mal, o da felicidade: como suportar o sofrimento e permanecer feliz? O sábio é feliz porque sabe distinguir entre sua alma puramente espiritual e o composto de alma e de corpo que experimenta o sofrimento: 46 (I 4), 53 (I 1), 54 (I 7).

3º Um tratado isolado é consagrado à hierarquia das hipóstases divinas, retomando os problemas examinados nos tratados 7, 9, 10, 11 e 38. É o tratado 49 (V 3).

4º Enfim, o tratado 50 (III 5), que propõe uma interpretação alegórica do mito de Poros e Penía no *Banquete* de Platão, constitui um fenômeno bastante isolado no conjunto da obra de Plotino.

*Onde ler Plotino?*

1º Para o leitor francês, a edição mais cômoda é da Bréhier (cf. acima, p. 16). Cada tratado é precedido por uma apresentação que fornece seu plano e o situa na história da filosofia. A introdução geral (t. I, p. I-XXXIX) é extremamente importante, notadamente no que concerne à forma literária e ao estilo. Mas o texto grego e a tradução deixam muito a desejar e é necessário precaver-se ao servir-se deles. Último inconveniente: os tratados são apresentados na ordem sistemática introduzida arbitrariamente por Porfírio.

Uma tradução comentada do conjunto dos tratados, apresentados na ordem cronológica e sem o texto grego, foi empreendida sob minha direção e já começou a ser publicada sob o título geral *Les Écrits de Plotin* [Os Escritos de Plotino]. Já foram publicados pelas Éditions du Cerf (Paris):

Tratado 9 (VI 9), por Pierre Hadot, 1994.

Tratado 38 (VI 7), por Pierre Hadot, 1988.

Tratado 50 (III 5), por Pierre Hadot, 1990.

Outros tratados (49, 51, 53) estão em preparação.

Na coleção "Histoire des Doctrines de l'Antiquité Classique" [História das Doutrinas da Antiguidade Clássica], dirigida por J. Pépin (publicada pelas Éditions Vrin, Paris), apareceram três tratados (com introdução, texto grego, tradução e comentário):

*Les Deux Matières* [Os Deuses Matérias] (*Enéadas* II 4 [12]), por J.-M. Narbonne, 1993.

*Sur les Nombres* [Sobre os Nomes] (*Enéadas* VI 6 [34]), por J. Bertier, Luc Brisson, A. Charles et al., 1980.

*Sur la Liberté et la Volonté de l'Un* [Sobre a Liberdade e a Vontade do Um] (*Enéadas* VI 8 [49]), por G. Leroux, 1990.

2º Os helenistas poderão buscar as magistrais edições críticas de Paul Henry e Hans Rudolf Schwyzer:

[1] *Plotini Opera*, ed. P. Henry e H.-R. Schwyzer, 3 vol., Paris-Bruxelas, 1951-1973.

Por razões filológicas, esta edição apresenta os escritos na ordem sistemática das *Enéadas* porfirianas. Ela comporta, no tomo II, a tradução anglófona do "Plotino árabe", isto é, da pseudo teologia de Aristóteles, que contém numerosas citações e paráfrases dos tratados de Plotino. No tomo III, há que observar, p. 332-410, as notáveis *Addenda* que fornecem o último estado (em 1973) das pesquisas sobre o texto de Plotino.

[2] *Plotini Opera*, ed. P. Henry e H.-R. Schwyzer, 3 vol., Oxford, University Press, 1964. 1977. 1982.

O aparato crítico é leve em comparação à edição precedente. O texto grego difere frequentemente daquele da edição [1] em virtude de novas escolhas. No volume III, p. 291-325, encontram-se novos *Addenda*, que trazem diversas correções aos volumes I e II (Últimas correções em H.-R. Schwyzer, "*Corrigenda ad Plotini textum*", *Museum Helveticum*, t. 44, 1987, p. 191-210).

3º Encontram-se igualmente excelentes traduções alemãs, inglesas, espanholas e italianas:

[3] *Plotins Schriften*, por R. Harder, R. Beutler e W. Theiler, Hamburgo, Meiner, 1956-1971. Esta edição em seis tomos, dos quais os cinco primeiros são, cada qual, divididos em um fascículo a) (texto grego e tradução alemã) e um fascículo b) (apresentações de cada tratado e notas críticas), constitui um monumento insubstituível: o texto grego é bom (comportando às vezes muitas conjeturas); a tradução alemã, excelente; as apresentações e planos dos tratados completam com sucesso, sem substituí-las, as apresentações de É. Bréhier. Os escritos de Plotino são apresentados na ordem cronológica. Um fascículo V c, obra de R. Harder, fornece o texto e a tradução da *Vida de Plotino*, por Porfírio. O tomo VI contém numerosas tabelas e notadamente, p. 105-175, uma "Visão da filosofia de Plotino", obra de W. Theiler, que é provavelmente, com o artigo de H.-R. Schwyzer, citado anteriormente, de todas as apresentações do pensamento plotiniano, uma das mais exatas, mais completas e mais profundas. É impossível doravante estudar Plotino sem passar por essa indispensável iniciação.

[4] *Plotinus*, texto e tradução inglesa por A.-H. Armstrong, Loeb Classical Library ns. 440, 441, 442, 443, 444, 465, 468,

Londres, Heinemann, 1966-1988. Edição apresentada na ordem sistemática. Feita por um eminente plotinista, esta edição e tradução são extremamente importantes.

[5] *Plotino, Enneadi*, tradução italiana e comentário crítico por V. Cilento, bibliografia de B. Mariën, 3 vol., Bari, Laterza, 1947-1949. Esta obra ainda hoje é útil.

[6] *Plotino, Enéadas* I-II e III-IV, tradução espanhola e notas por J. Igal, Madri, Ed. Gredos (Bibl. clás. 57 e 88), 1982 e 1985. Obra de um excelente plotinista, falecido precocemente.

4º Instrumentos de trabalho

Excelentes *bibliografias* (redigidas em inglês) de estudos plotinianos em *Aufstieg und Niedergang der römischen Welt* (ed. W. Haase e H. Temporini), Teil II, *Principat*, Band 36, 1 Teilband, Berlim-Nova Iorque, W. de Gruyter, 1987:

p. 528-570. H.-J. Blumenthal, "Plotinus in the Light of Twenty Years Scholarship (1951-1971)".

p. 571-623. K. Corrigan e P. O'Cleirigh, "The course of Plotinian Scholarship from 1971 a 1986".

Excelente *iniciação* aos diferentes problemas da filosofia plotiniana com um guia de leitura:

D. O'Meara, *Plotin, Une introduction aux "Ennéades"* (Col. "Vestigia" 10), Éditions Universitaires de Fribourg, Suíça, Éditions du Cerf, Paris, 1992.

*Estudo aprofundado* de diferentes aspectos: gramaticais, literários, filosóficos, da obra de Plotino em H.-R. Schwyzer, art. "Plotinos", em *Paulys Realencyclopädie*, t. 21, 1951, col. 471-592 e *Supplement-Band* 15 desta mesma enciclopédia, 1978, col. 311-327.

*Index grec*

J.-H. Sleemann e G. Pollet, *Lexicon Plotinianum*, Brill, Leyde, Presses de l'Université, Louvain, 1980.

# ÍNDICE PLOTINIANO

Vida de Plotino por Porfírio:
I, 1: 25, 89
I, 3-4: 89
I, 7-10: 21
I, 13: 98
II, 1-9; 9-25: 51, 90, 95, 116, 127, 140, 141
II, 33: 141
II, 37: 89, 139
II, 38-43: 102
III, 2-6: 90
III, 7: 139
III, 13-24: 90
III, 33: 19
III, 35-38: 98
III, 46: 102
IV, 10: 140
IV, 11: 105
IV, 14-17: 104
IV, 22: 144
V, 4: 140
V, 5: 105
V, 60: 105, 144
VI, 34-38: 126, 144
VII, 1-23: 103, 106
VII, 24-31: 94, 140
VII, 31-46: 96, 103
VII, 46 sq.: 107
VII, 49-51: 102, 107
VIII, 1 sq.: 101
VIII, 8: 101
VIII, 20-23: 91, 97
IX, 1: 63
IX, 5 sq.: 107
IX, 12-16; 16-22: 108, 110
X, 33-38: 51
XI, 1; 2-8: 108
XI, 8 sq.: 108
XI, 11-19: 109, 140
XII, 1: 140
XIII, 1 sq.: 100, 113
XIII, 10-16: 99
XIV, 1-3: 100
XIV, 14: 99
XIV, 15: 19
XV, 1-6: 63, 102
XV, 18: 102
XVI, 9: 102
XVIII, 2-10: 98
XVIII, 11-20: 102, 104, 140
XIX, 6: 105
XIX, 32: 141
XXIII, 13: 141
XXIV, 13: 144

XXIV, 16 sq.: 144

Tratados de Plotino organizados
em ordem cronológica:
I 6 (=1), 8, 25: 32
9, 7: 22
9, 13: 17

IV 8 (=6), 1, 1: 28
4, 31: 80
7, 15-17: 120
8, 1: 29

VI 9 (=9), 7, 14: 67
7, 21-28: 66, 115
9, 17-20: 84
9, 26-35: 73
9, 39: 55, 63
9, 40-56: 69
9, 60: 79
10, 1: 79
10, 12-16: 68
11, 46-51: 83, 113

V 1 (=10), 8, 10: 18
12, 1 sq.: 30
12, 12: 33

I 2 (=19), 4, 16 sq.: 85, 86
5, 5-14: 111
5, 21-24: 111
5, 25-31: 112
6, 12-13; 23-26: 86
7, 22-28: 86

I 3 (=20), 1, 1-3: 62

VI 4 (=22), 14, 16: 25, 31

VI 5 (=23), 7, 6-13: 52
7, 15: 53
12, 1-11: 53

12, 13-29: 54
12, 18-25: 128

IV 3 (=27), 8, 15: 23
12, 5: 30
18, 19-22: 108
30, 6: 32
32, 13: 34

IV 4 (=28), 2, 3: 35

III 8 (=30), 4, 1-10: 48, 86
4, 31-39: 49
11, 26: 49

V 8 (=31), 1, 38: 21
2, 9-26: 42
4, 4: 42
4, 25: 41
4, 36-37: 45
5, 5-9: 45
6, 1-9: 46
7, 1-40: 44, 53
9, 1: 41
10, 26-30: 42
11, 4: 37
11, 23: 36

V 5 (=32), 7, 23-31: 76
7, 33-38: 75
8, 6: 65
8, 13-16: 75
8, 23-27: 75
12, 21: 74
12, 33-37: 60, 73, 89, 112
12, 37: 64, 66

II 9 (=33), 9, 44-60: 83, 112
13, 1-6: 111
13, 6: 74
14, 11-13: 95
14, 38-43: 100

15, 28-40: 79, 81
16, 11: 43
16, 24-27: 39, 51
16, 32: 40
16, 43: 40
17, 4: 41
18, 1-9: 110

VI 7 (=38), 2, 18-21: 45
10, 1: 45
12, 22: 42
15, 9: 74
15, 24-32: 50
16, 13-15: 70
22, 5-7: 58
22, 8-21: 61, 73, 84
22, 24-32: 57
31, 17-31: 64, 84
33, 22-29: 56
33, 30-31: 68
34, 1-8; 8-21: 67
34, 25-39: 70
35, 24: 70
35, 29-30: 71
36, 6-10: 82
36, 17-23: 76
41, 29-30: 72

VI 8 (= 39), 13, 1: 72
15, 7: 72
16, 20: 77

I 4 (=46), 3, 24 sq.: 117
4, 6-8; 14-23: 117
7, 14-26: 118
8, 1-6: 118
10, 6: 33
10, 21-28: 35, 36
13, 3-12: 88
14, 12-14: 92
14, 14-31: 97
16, 22-29: 118

III 2 (= 47), 5, 15-24: 121
8, 35-42; 50-52: 120
9, 1-3: 120
11, 9-16: 119
13, 22-25: 44
14, 1-4: 44
15, 31-36; 43-59: 122
17, 32-39: 122

V 3 (=49), 6, 5-8; 12-18: 40
8, 27-31: 84
17, 15: 21
17, 28-38: 77

I 8 (=51), 4, 6: 123

II 3 (=52), 7, 9-10: 108
9, 12-26: 124

I 1 (=53), 9, 1-3: 123
10, 7-10: 85
11, 2: 32

I 7 (=54): 1, 13-24: 125
2, 1-4: 125
3, 3-4: 125
3, 5-22: 125, 126

# ÍNDICE GERAL

## A

Absoluto, 71, 134-35
Academia platônica, 62, 115
Acolhimento de tudo, 135
Afrodite, 41, 64
Agostinho (Santo), 54, 105, 114, 117, 119, 122-23
Alegria, 70-72, 133
Alexandre de Afrodísia, 99
Alma(s), 10, 18, 20, 22-23, 26-27, 29-33, 48-50, 57, 60-61, 64-80, 83-85, 93, 108, 111-12, 122, 125-27, 132-33, 145-47
    cimo da, 33-34, 71, 88
    do mundo, 43, 127
    origem da, 64, 70- 71, 84
    parte inferior da, 111
Alteridade pura, 70
Ama, 90
Amante, 61-62, 66
Ambrósio (Santo), 27, 117-19, 124
Amélio, 51, 102-105, 115, 140-41
Amônio, 19, 90, 93, 99, 106, 139
Amor, 10, 48, 51-69, 70-75, 87-88, 132-33
    conjugal, 62, 133
    platônico, 61, 65, 133
André (H.), 45
Anficleia, 63
Aniversários de Platão e Sócrates, 102
Aristóteles, 18, 55, 99, 125, 146, 149
Armstrong, 149
Arnóbio, 28
Arns (E.), 104
Arte, 21, 40, 44, 48-49, 110
Ascetismo, 94-95
Astros, 40-41, 123-24, 147
Atena, 52
Atenção, 21, 23, 32-33, 85, 87, 97, 112
Atividade literária de Plotino, 145-47
    períodos e temas da, 145-47
Atividade da razão, 32

## B

Banhos públicos, 90
Beleza, 10, 22, 28-29, 39-42, 44, 49, 51, 57, 59-62, 64, 68, 73-74, 80, 84, 122, 133-34
Bem absoluto, 56, 119, 134
    e Belo, 72
    semelhança do, 134
    transcendência do, 134
Benevolência, 60, 98-99, 102, 112
Bergson (H.), 40, 47, 59, 68, 128-29, 134

Bertier (J.), 148
Beutler (R.), 149
Bianquis (G.), 46
Bidez (J.), 103
Blumenthal (H.-J.), 150
Bovary (Madame), 17
Bréhier (É.), 91-92, 94, 96, 113-14, 147, 149
Brisson (L.), 106, 113, 115, 148
Buytendijk (F.J.J.), 45

## C

Caillois, (Roger) 48
*Cântico dos Cânticos*, 64-65
Caracteres (penetração dos), 108
Carrasco, 122-23
Cassicíaco, 114
Castrício Firmo, 94, 106
Centro, 43, 68, 125
Chamado dos místicos, 134
Charme, 57, 59
Cícero, 87, 115
Cilento (V.), 150
Claudel (P.), 45
Clemente de Alexandria, 26, 144
Cocheiro mítico, 73
Coisas humanas, 117
"Combate" espiritual, 112
Composto (da alma e do corpo), 85, 147
Comunidades pitagóricas, 114
Conhecimento como transformação do ser, 55
Consciência, 83, 120
 como espelho, 32-33
Contemplação, 23, 47-50, 56-57, 77, 80-81, 83, 86-87, 97, 111-14, 143
Corpo, 22, 25-29, 31, 33, 36, 42-43, 52, 67, 69, 79-80, 84-86, 88-89, 92, 95-97, 99, 108-12, 118-19, 123-26, 145, 147
Corrigan (K.), 150

Cosmogônico(a), 70-71
Courcelle (P.), 119
Curso, 98, 104

## D

Desdobramento, 34-35, 47,
Despojamento das Formas, 67
Diófanes, 63, 102
Direção de consciência, 91, 102, 105
Dissonância, 122
Divino (níveis do), 37
 e níveis da vida interior, 29, 37
Doçura, 10, 42, 60, 73-75, 89, 100, 111-12, 127, 130, 132
Doença(s), 36, 95-97, 109, 118, 120

## E

Elêusis, 69, 144
*Enéadas*, 17-18, 128, 130, 141, 144
Epicuristas, 87, 125
Epiteto, 20, 91, 94, 97, 103
Espírito, 28, 30-33, 35-37, 44-46, 49-50, 52, 57, 59-61, 70-76, 82-84, 86, 91, 97, 109-10, 112, 117, 125, 127, 129, 132
 nascente e amante, 70-72, 74, 133
 pensante, 71, 74, 133
Espiritual puro, 12, 128-29
Eu, 10, 22, 25, 27, 29-31, 34-37, 39, 47, 52, 68, 87, 123
 níveis do, 25, 29, 47, 56, 71, 88, 123-24, 132
Estoicos, 87, 97, 109, 118-19, 127
Eubulo, 102
Eustóquio, 51, 106, 116, 127
Exegese(s), 18
Exercícios espirituais, 11, 18, 23, 97
Experiência mística, 11-12, 28, 63-64, 70-71, 74, 76, 80, 82, 129, 133
 do Espírito, 71
 do Bem, 70, 74

## F

Faláris (tirano de Agrigento), 87-88
Fecundidade, 61, 65
"Fenômeno original"
   (*Urphänomen*), 46
Felicidade, 61, 116-17, 147
Festugière (A.-J), 65
Fídias, 21
Figuras femininas da alma, 64
Filipe (imperador), 17, 90, 93, 139
Filo de Alexandria, 65
Filosofia, 63, 90-91, 100, 106-07,
   124, 129, 147
   antiga, 9, 11, 91
   da natureza, 47
   partes da, 144
   segundo Plotino, 47, 92, 149-50
Filósofo(s), 17-19, 25, 46, 61-63,
   65, 89, 91, 93-96, 98, 100, 102-
   07, 113-15, 133, 145
Forma(s) e sem forma, 22, 41-42,
   44-47, 49, 56, 61, 68, 70, 73,
   100, 110
Frank (Louis), 58
Fuga (conduta de), 129

## G

Galieno (imperador) 21, 113, 115,
   140
Gêmina (filha), 63
Gêmina (mãe), 63, 94, 107, 110
Gigante (M.), 115
Gillet (P.), 92, 103
Gnósticos, 10, 39, 50, 74, 95, 100,
   102, 110, 123, 143, 146
Goethe (J.-W. von), 46, 77
Gordiano (imperador), 90, 93
Goulet (R.), 109
Goulet-Cazé (M.-O.), 16, 99, 104
Graça, 10, 57-60, 68, 73, 75, 11
Grmek (M. D.), 89, 92, 116
Groag, (E.) 63

## H

Hadot (P.), 9-13, 28, 47, 54, 62, 98, 148
Ham (B.), 20
Harder (R.), 114, 149
Hartmann (N.), 128-29
Helena, 41
Henry (P.), 148-49
Herênio, 139
Hierarquia de realidades, 29
Hieróglifos, 45, 46
Homem, 11, 19, 21, 25-27, 31, 40, 57,
   61, 67, 81-83, 85-87, 89, 92, 96,
   108, 111, 117, 120-21, 123, 128-30
Homero, 30, 76, 103

## I

Igal (J.), 90, 150
Imediato, 46-47, 133
Indizível, 12, 72, 130, 135
Infinito, 56
Injustificado(s), 58-59
Interpretação alegórica, 64, 73, 147
   das obras da Antiguidade, 64,
   73, 147

## J

Janet (P.), 91
Janicaud (D.), 58
Jankélévitch (V.), 47
João da Cruz, 53
Jogos e coisas sérias, 121, 122

## L

Lanterna na tempestade, 118
Leonardo da Vinci, 58, 68
Lembrança(s), 34-36, 60, 62, 90, 119
Leroux (G.), 148
Linceu, 41
Lira, 118-19
Longino, 105, 115, 140-41
Luz, 22-23, 42, 49, 56-57, 59-60,
   73-77, 79, 103, 112, 118, 131

## M

Maistre, (J. de) 123
Mal, 116-17, 119-21, 123-26, 147
    experiência do, 120
Malebranche, 32
Mallarmé, 22
Marco Aurélio, 97-98, 100
Marcelo Orôncio, 94, 106
Marionetes, 121
Marrou (H.-I.), 105
Melancolia, 109-10
Mentalidade coletiva, 25
Merleau-Ponty (M.), 129-30
Metáforas, 65
Minos, 114, 115
Minturnas, 116, 141
Mistificação, 129
Morte, 33, 116-18, 124-25
    de Plotino, 11, 90, 101, 106, 109, 124, 141
Mulheres, 41, 63, 107
Mundo das Formas, 29, 31, 41-43, 45-46, 48-52, 55-57, 59, 61, 68, 73, 87
    mundo sensível, 41, 43, 110
Musas (inspirado pelas), 62
Musônio Rufo, 103

## N

Narbonne (J.-M), 148
Natureza, 21, 39, 47-49, 52, 58, 81, 86, 110, 122-24
"No alto", 31
Noite mística, 77
Numênio, 19-20, 98-99

## O

*O Casamento Sagrado*, 65, 102
O'Brien (D.), 101
O'Cleirigh (P.), 150
Olhar(es), 10, 39-40, 50, 52, 70, 76-77, 79, 81, 86-87, 108, 112, 119

O'Meara (D.), 115, 150
Ordem do mundo, 119-20
Organismo(s), 45, 48
Orígenes (autor cristão), 139, 144
Orígenes (filósofo pagão), 139
Ouvintes e adeptos, 106

## P

Papel (no drama), 122
Pascal (B.), 54, 59, 82-83, 92, 116
Paulo (São), 27-28
Paulino de Citópolis, 106
Pausânias, 69
Pépin (J.), 16, 21, 127, 148
Percepção, 32, 39, 50, 130
Píndaro, 75
Places (É. Des), 98
Platão, 16, 18, 20, 22, 30, 34, 40, 43, 49, 61-67, 70, 73, 75, 82-83, 87, 95-96, 99, 102, 106, 111, 113-15, 119, 121, 133, 145, 147
Platonismo, 25-26, 145
Platonópolis, 113-14, 140
Plutarco, 144
Pólemon, 107-08
Política(s), 66, 106-07, 115
Pollet (G.), 150
Poros, 70, 147
Porfírio, 11, 15-17, 19, 21, 25-26, 51, 62-63, 65, 88-94, 97-99, 101-09, 113, 115-16, 126-27, 132, 139-41, 143-44, 148-49
Possídio, 117
"Prece natural", 32
Presença, 34-36, 39, 51-54, 57, 59, 64-66, 68, 70, 75, 79-80, 84, 87, 112, 127, 132, 134-35, 146
Preocupação, 33-34
Providência, 116, 119-20, 147
Pseudoplatão, 115
Psique, 64
Publicação de livros, 99, 104

## Q
Querer de si, 58
Quione, 108, 110

## R
Radkowski (G.-H. de), 12, 131
Raciocínio(s), 28, 31, 43, 45, 48, 55, 98
  do criador, 43
Ravaisson, 40, 57-59
Rilke (R.-M.), 65, 74
Rogaciano, 94-95, 106

## S
Sabinilo, 94, 106, 140
Sábio, 33, 85, 87-88, 96-97, 109-12, 116-118, 120, 128, 146-47
Saffrey (H.-D), 63, 109
Salonina, 113, 140
Scheler (M.), 128-29
Schopenhauer (A.), 77
Schwyzer (H.-R), 148-50
Sêneca, 20, 95
Serapião, 107
Serpentear, 58
Simplicidade, 22, 29, 35, 37, 46-47, 57, 68, 72, 98, 100
Sleeman (J.h.), 150
Sócrates, 11, 64, 94, 102, 122
Sofrimento(s), 22, 87-88, 92, 96-97, 111, 115, 118-19, 123, 147
Sombra exterior do homem, 121
Sono, 91-92, 95
Spinoza, 53
Suicídio, 109, 140
Supressão de todas as coisas, 41, 69, 77, 129, 135

## T
Taumásio, 99, 103
Teatro, 74, 121
Terrível, 74
Textos (explicação de), 18
Theiler (W.), 149
Teon De Esmirna, 144
Tratados de Plotino, comunicação, 10-13, 15, 23, 58, 102, 105, 116-17, 119, 124, 126, 132, 144
  ordem cronológica, 143-45, 148
Treboniano (imperador), 63
Tiro, 107, 115, 141
Tudo, 20, 22, 30, 37, 52, 65, 67, 108, 112, 119

## U
Uexküll (J. von), 45
Um e Tudo, 37
Usener (H.), 87

## V
Vegetarianismo, 95
Vida, 77, 79-80, 85-86, 91, 94
  cotidiana, 37, 79, 80, 96-97
Virtude(s), 10, 22, 35, 42-43, 59, 61-63, 79-88, 120, 124, 126, 132, 146, 149
  níveis da, 85
Visão, 22, 39, 41, 43, 49, 61, 62, 66, 67, 75-77,
  do espírito/espiritual, 40, 43-44, 68, 76
  do olho, 40, 43-44
  de si, 28, 50
Vizinhança, 43, 111

## W
Weil (Simone), 128
Wittgenstein (L.), 130
Wundt (M.), 115

## Z
Zenóbia, 115, 141
Zeto, 106-07, 116, 141
Zótico, 106

Do mesmo autor, leia também:

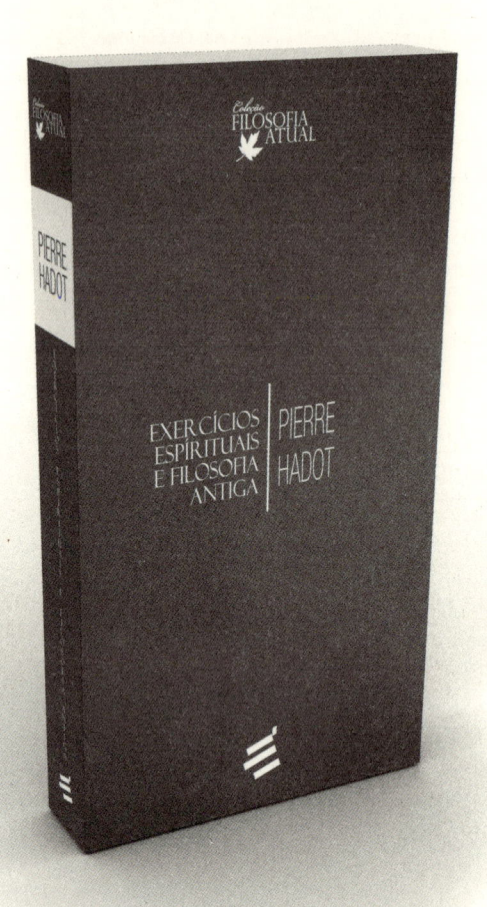

**EXERCÍCIOS ESPIRITUAIS E FILOSOFIA ANTIGA** — PIERRE HADOT

Nos ensaios reunidos neste volume, o filósofo e historiador da filosofia Pierre Hadot traça o panorama histórico da noção de "exercício espiritual" e traz novamente à cena filosófica o debate acerca do estatuto da filosofia e da figura do filósofo. Com ele, voltamos a pensar o quanto a filosofia deixou de ser uma "atividade", uma prática, para se tornar, cada vez mais, um "discurso". Hadot propõe, ao contrário, um resgate da filosofia como "maneira de viver".

facebook.com/erealizacoeseditora
twitter.com/erealizacoes
instagram.com/erealizacoes
youtube.com/editorae
issuu.com/editora_e
erealizacoes.com.br
atendimento@erealizacoes.com.br